LA

SCIENCE DES SOURCIERS

A LA PORTEE DE TOUS

Avertissement de l'éditeur

Nos livres sont la reproduction
digitale de textes devenus
introuvables.

Le lecteur voudra bien excuser le
léger manque de lisibilité et les
imperfections dues aux ouvrages
imprimés il y a des décennies, voir
des siècles.

Par égard à la mémoire des auteurs
et la spécificité des ouvrages, il
convenait de les reproduire tels les
originaux.

Georges DISCRY

•

RADIESTHÉSIE

LA
SCIENCE DES SOURCIERS
A LA PORTÉE DE TOUS

•

TRAITÉ COMPLET

DONNANT LES METHODES DETAILLEES DE RECHERCHES

DES EAUX, DES TRESORS

MINERALOGIQUES

AGRICOLES

COLOMBOPHILES

MEDICALES

TELERADIESTHESIE

1938

PRÉFACE

Vous figurez-vous l'immense satisfaction intellectuelle que me procure le livre intitulé : La Science des Sourciers à la portée de tous. *Imaginez-vous le vieux Professeur que je suis posant le premier les bases fondamentales de la Radiesthésie scientifique en l'année* dix-huit cent et nonante-six *par la découverte des ondes odiques et l'émission fondamentale de la Loi fondamentale de la Radiesthésie Biologique. Puis mes travaux précités se diffusant à travers le monde sont confirmés par mes Collègues de la Science dans les autres branches de la Radiesthésie relative* aux êtres non vivants. *A l'étranger les corps savants me reconnaissent publiquement comme Fondateur de la Radiesthésie scientifique et Liège comme berceau de la susdite et nouvelle Science. Comme c'est d'ailleurs la loi commune qui dit que* nul n'est prophète dans son pays, *en Belgique j'étais entouré de quelques collaborateurs que mes travaux avaient amenés à l'étude de ces questions et nous travaillons dans le silence du laboratoire entourés de l'indifférence générale et parfois de l'hostilité d'hommes plus enclins à la critique inconsidérée qu'à la recherche de la Vérité. Depuis douze ans un homme travaillait dans le silence, c'était* Georges Discry. *Celui qui a passé dans le domaine de la Science ne s'y trompe pas, en approchant de Georges Discry, reconnaît de suite l'homme de science et l'expérimentateur profonds, il se sent de suite en présence d'un confrère. Ce qui est plus beau*

— 7

encore c'est que cet homme d'élite semble ne pas connaître sa valeur, sa bonté, sa simplicité attire, c'est là sa plus grande force qui contribuera largement à la diffusion pleine et entière de la Radiesthésie scientifique. Cet homme encore jeune, enthousiaste, radiesthésiste de premier ordre, *ayant profondément au cœur l'amour de la Science et du progrès de l'humanité, se lève tout à coup. Brandissant d'une main puissante le drapeau de la radiesthésie que d'autres avaient tenté d'avilir par leurs moqueries ou leur charlatanisme, vous vous levez, chez monsieur Discry, armé de toute la puissance de la Science, laquelle est le pivot de la civilisation moderne ; et votre livre* La Science des Sourciers à la portée de tous, *sera un témoignage durable de votre grande activité scientifique et qui portera ses fruits dans l'avenir le plus lointain. Dès le début de mes travaux sur la radiesthésie, j'ai écrit dans mes publications scientifiques et répété sou-vent depuis :* « L'utilisation du pendule sera aussi courante que l'est actuellement le thermomètre ».

Ce temps est venu et vous y aurez contribué pour une large part.

Comprenez-vous, cher monsieur Discry, la joie du vieux professeur qui a tant aimé la Science, qui lui a consacré sa vie, à la vue de votre belle mission scientifique, en pensant surtout que son action se prolongera dans l'avenir, par votre livre : La Science des Sourciers à la portée de tous. *Je vous dis tout cela parce que je sais par expérience que les pionniers de la Science ont souvent besoin d'un réconfort moral au milieu de leur rude travail et je suis certain que ces quelques bonnes pensées de* votre frère aîné *dans les combats paci-fiques de la Science toucheront plus encore votre cœur que votre intelligence.*

8 —

Je termine en souhaitant le plus grand succès à votre livre : La Science des Sourciers à la portée de tous. *Je suis d'ailleurs certain de ce succès, comme de tout ce qui se fait sous l'égide puissante de la Science.*

Veuillez agréer, cher monsieur Discry, l'expression de mes sentiments fraternels.

Docteur Marcel Monier,
Directeur de l'Institut de Biologie
de Liége.

à

Georges André
Gille Anthelme
Alex Pirlot

en Cordial Hommage,

Georges Discry.

INTRODUCTION

Si je me suis décidé à écrire ce livre, c'est à la suite de sollicitations, et en l'écrivant, j'espère vous en rendre la lecture aussi attrayante que possible. Je vous exposerai, suivant mes pauvres moyens, tout ce que j'ai pu récolter au cours de mes douze années de recherches.

Je n'entrerai pas dans un domaine scientifique que je ne pourrais expliquer, je me contenterai de vous signaler les méthodes employées le plus souvent, avec succès.

Des erreurs étant toujours possibles, j'accepterai avec plaisir toutes les critiques que vous pourriez formuler et vous en serai très reconnaissant, car plus on cherchera, discutera, plus on pénétrera cette science si mystérieuse, si captivante qu'est la Radiesthésie.

Croyez-moi, si aujourd'hui j'écris ce livre, c'est encouragé par vous tous, car les railleries des personnes me plaçant au même rang que les charlatans ne m'ont pas été épargnées. Aussi, chers lecteurs, vous confierai-je comme un testament, toutes mes connaissances et secrets, afin que vous puissiez bénéficier de mes longues années de recherches.

G. DISCRY.

PREMIÈRE PARTIE

LA SCIENCE DES SOURCIERS
A LA PORTÉE DE TOUS

Il vous est arrivé d'entendre parler de radiesthésie ou rabdomancie ou, plus communément, des sourciers.

Ce dernier terme manque d'exactitude, aujourd'hui que la radiesthésie embrasse d'autres sujets que la simple recherche de l'eau.

Je vais vous donner ici toute la théorie et les résultats de ma longue pratique radiesthésique afin que vous puissiez, à votre tour, plus ou moins bien user de la baguette ou du pendule. Vous trouverez dans cette pratique, en même temps qu'un délassement, une étude absolument passionnante qui vous permettra au cours de vos randonnées à la campagne, de vos excursions, de la visite des anciens châteaux forts, de découvrir tout ce que cache le sous-sol : eaux, rivières souterraines, failles, vestiges archéologiques, minerais, etc...

PROMENEURS, SACHEZ DECOUVRIR LA SOURCE
QUI ETANCHERA VOTRE SOIF ;
CAMPEURS, SACHEZ CHOISIR UN TERRAIN SEC.

Quoi de plus précieux pour un groupe de scouts ou de campeurs que de pouvoir pointer sa baguette autour de l'endroit choisi pour dresser la tente, et de voir la baguette

— 17

désigner soudain un point d'eau ! Et quelle eau ! souvent une vraie source de fontaine inconnue, au milieu des bois.

Quoi de plus utile que de reconnaître la nature du sol et du sous-sol, sur lequel on s'apprête à installer le camp ? On apprendra avec certitude si le terrain est perméable, et par conséquent peu humide.

Or, pour cela, que faut-il ? Il faut connaître tout ce que la radiesthésie peut donner comme réaction.

Précisément, c'est ce que je vais tenter d'expliquer le plus simplement possible dans ce livre que j'écris à votre intention.

COLONIAUX, AGRICULTEURS, ARCHEOLOGUES, LA RADIESTHESIE PEUT VOUS SERVIR.

Les coloniaux géologues, à la recherche d'un filon, peuvent tout demander à la radiesthésie ; ils reconnaîtront la valeur, la profondeur et le poids approximatif du filon avant de faire tout forage.

Ils sauront découvrir en pleine brousse, où il est si pénible de progresser, les arbres d'essences rares ou de valeur.

Que diront nos agriculteurs, quand ils pourront se rendre compte que certaines céréales peuvent donner un rendement énorme dans leurs champs, et que d'autres ne donneront rien ; que certains arbres fruitiers ne porteront guère ou rien ?

Les archéologues ont-ils fait l'expérience de recourir aux bons offices d'un radiesthésiste pour définir des points douteux ou inconnus ? Nous avons eu maintes fois la preuve de résultats merveilleux et, lors de certaines fouilles, fait gagner à la fois du temps et de l'argent en indiquant exactement l'emplacement de l'objet cherché.

On dresserait une liste infinie de tout ce que la baguette ou le pendule peut faire découvrir soit dans les recherches minéralogiques, médicales, hydrologiques, agricoles, la prospection sur plans, cartes, photos, à distance, les solutions d'énigmes historiques, les recherches de disparus, etc...

EST-CE TROP BEAU POUR ETRE VRAI ?

Beaucoup s'écrieront : « C'est trop beau pour être vrai ! » Eh bien ! reconnaissons tout de suite qu'il se trouve des hommes peu scrupuleux qui, cherchant à tirer profit d'une science généralement ignorée, n'hésitent point à faire des dupes, en promettant plus qu'ils ne peuvent, ou accumulant les erreurs.

Mais pour ce qui regarde les recherches et les expériences des radiesthésistes qualifiés, observons que le monde des savants ne leur est point hostile. Il se montre simplement prudent et ne consent à se prononcer qu'après avoir pu contrôler une quantité suffisante d'expériences.

Arrive-t-il qu'un savant se montre réfractaire, on observera que son refus est un refus a priori et rejette comme impossible la chose qu'il n'a point soumise à l'expérience.

Et cependant que n'avons-nous point dû admettre depuis le XIXᵉ siècle, en fait de choses que nous jugions impossibles, l'aviation, l'électricité, les rayons X, ultra et infra violets, la T. S. F., la stratosphère ; tout cela maintenant ne surprend plus. On l'admet. S'il demeure vrai qu'on l'explique mal, ou qu'on ne l'explique pas du tout, il n'y a point de raison suffisante, on le voit, pour douter de la radiesthésie. On peut accepter les possibilités d'une science non point naissante, mais vieille comme le monde, une science qu'on

— 19

n'avait pas suffisamment approfondie ou mise au point et qui, dans ses recherches, fut comme toutes les sciences, sujette aux erreurs.

Sur quoi se base la Radiesthésie et quels sont les instruments du radiesthésiste ?

Sur quoi se base la radiesthésie ? Quelle est la nature profonde de son domaine ? Sur quoi travaille-t-elle ? Où cette nature profonde apparaît-elle ? Par quels moyens la saisit-on ?

Voici l'hypothèse fondamentale que nous reprendrons, en réponse à ces interrogations, d'après Mermet ([1]) :

1° Tous les corps sans exception, émettent constamment des ondulations ou radiations ;

2° Le corps humain, pénétrant dans les champs d'influences, est le siège de réactions nerveuses, sorte de courant, qui s'écoulent par la main ;

3° Si l'on tient à la main un objet approprié, baguette ou pendule, le flux invisible se manifeste par les mouvements qu'il imprime à cet objet indicateur.

QU'EST-CE QU'UN PENDULE ?

Le pendule est un corps suspendu au bout d'un fil ou d'une tige flexible. C'est le premier des instruments du radiesthésiste.

([1]) *Comment j'opère*, de l'Abbé Mermet. Chez l'auteur à Jussy (Genève).

20 —

La forme du pendule, ainsi que sa composition, varient, suivant les radiesthésistes qui l'emploient, ou le corps à rechercher.

Le pendule peut être fait de cristal, d'ivoire, de bois, de marbre, de verre, d'ébonite, de métal ou de tout autre corps, mais il est préférable d'employer un corps neutre tel que le verre, l'ivoire ou le bois, sauf, pour ce dernier, les bois résineux (sapin) et le sureau. On emploie pour suspendre le pendule une chaînette ou un fil de chanvre. On évite d'employer un fil de soie.

SA FORME.

La forme du pendule sera ronde de préférence, afin d'offrir moins de prise au vent. Il existe également des pendules en forme de poire, d'autres en pointe ou de forme ovale.

Enfin il y a des pendules brevetés, tels le pendule de l'Abbé Mermet, Jules Capron, Christophe, Lesourd, Turenne, etc.

Dans le pendule Mermet, qui est creux et composé de plusieurs métaux combinés, on introduit l'objet témoin du corps cherché (fig. I, B).

Ce même modèle a été également établi en ébonite.

Le pendule Jules Capron est monté sur balancier en cuivre, avec chaînette argent soutenant un tube magnétique qui soutient, à son tour, le pendule qui peut être changé suivant les recherches, la chaînette étant munie d'un mousqueton (fig. I, E).

D'autres pendules sont montés sur bâtonnets tel celui de

— 21

Henri de France dont la chaînette peut être arrêtée dans une encoche (fig. I, F).

M. Lesourd, lui, emploie pour ses recherches biologiques, un pendule de sa fabrication en verre noir ; il a la forme de certain coquillage.

Il existe également le pendule spécialisé ; son principe repose sur la force radio-active du corps. Il doit être d'autant moins long que le corps qui l'actionne est plus radio-actif.

Le pendule spécialisé n'est actionné par les corps plus radio-actifs (tel le mercure) que s'il contient un corps semblable au corps examiné. Voir syntonisations (témoins) ([1]).

Longueur en cm. du pendule en bois.

Mercure	0,03	Magnésie	0,29
Or	0,07	Sel	0,30
Argent	0,10	Arsenic	0,31
Cuivre	0,11	Argile	0,32
Plomb	0,12	Granit	0,33
Etain	0,13	Schiste	0,34
Zinc	0,14	Bismuth	0,35
Antimoine	0,15	Eau chaude	0,36
Nickel	0,16	Calcaire	0,37
Manganèse	0,17	Iode	0,38
Charbon	0,18	Chrome	0,39
Fer	0,19	Gypse	0,40
Pétrole	0,20	Baryte	0,41
Bauxite	0,21	Marbre	0,42
Potasse	0,23	Eau ordinaire	0,43
Phosphate organique	0,24	Vide	0,44
Soufre	0,25	Talc	0,45
Brome	0,27	Phosphate de chaux	0,46

([1]) Padey : *Des secrets de la Baguette et du Pendule.*

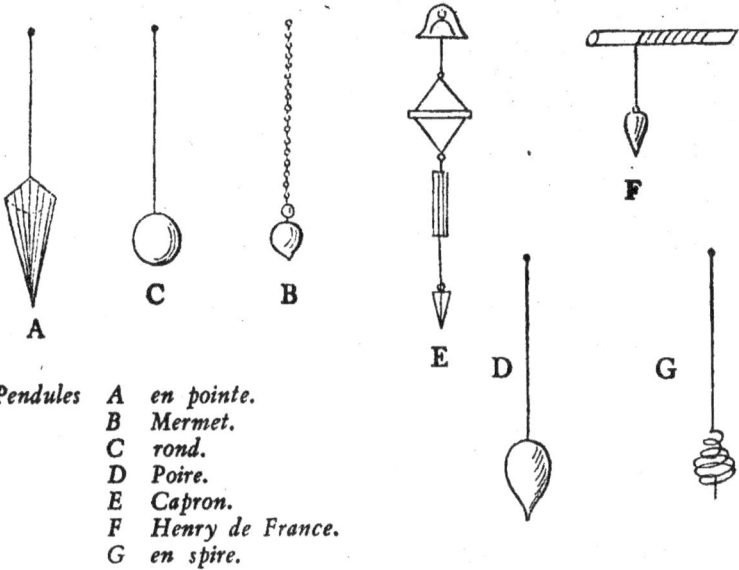

Pendules A en pointe.
B Mermet.
C rond.
D Poire.
E Capron.
F Henry de France.
G en spire.

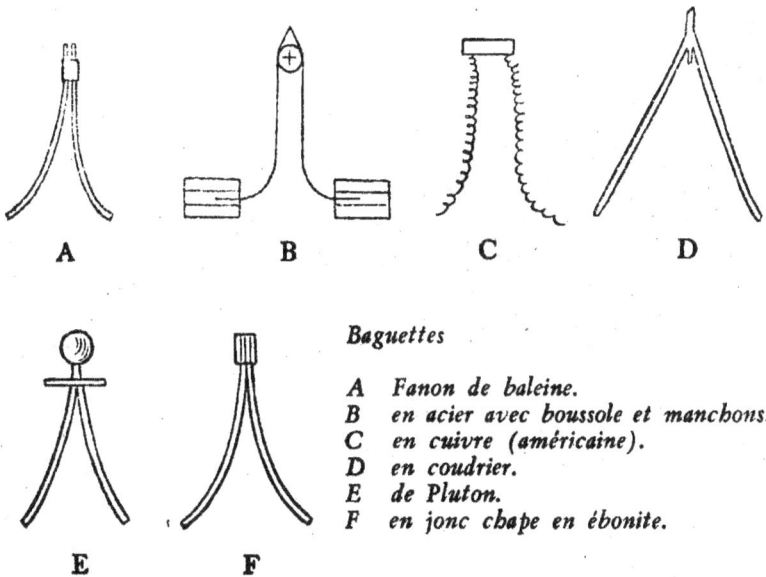

Baguettes

A Fanon de baleine.
B en acier avec boussole et manchons.
C en cuivre (américaine).
D en coudrier.
E de Pluton.
F en jonc chape en ébonite.

— 23

QUEL SERA LE POIDS DU PENDULE ?

Suivant l'endroit et l'usage auquel on le destine, le pendule sera plus ou moins lourd. Ainsi pour le travail à l'extérieur, on emploiera le pendule lourd, pesant une centaine de grammes et plus.

Le pendule moyen pèse de trente à cinquante grammes.

Si vous êtes fort sensible aux ondes, employez de préférence le pendule lourd ; au surplus le vent aura moins de prise sur lui si vous êtes en plein air.

Mais si vous cherchez à saisir des nuances délicates, si vous travaillez sur plan ou sur photo, le pendule léger de 8 à 20 grammes maximum vous donnera les meilleurs résultats.

DE LA COULEUR.

Attention ! donnons la préférence au pendule en ivoire, en verre ou cristal, car sa couleur joue un rôle important dans les sept couleurs du spectre solaire.

Or, la radiesthésie étant fondée sur les ondes, il est évident que celles-ci s'accordent avec certaines couleurs et se trouvent en discordance avec d'autres.

Le pendule de couleur vous aidera dans certaines recherches, mais vous contrariera dans beaucoup d'autres.

METHODE POUR SE SERVIR DU PENDULE.

Rappelons que le pendule est suspendu au bout d'une chaînette. Cette chaînette a environ 30 centimètres ; elle est faite de petits maillons de même matière. Vous tiendrez la chaînette entre le pouce et l'index, mais pas à n'importe quel endroit de sa longueur. Vous laisserez descendre ou vous remonterez la chaînette entre vos doigts aussi longtemps que vous aurez découvert le point de la chaînette

Méthode pour se servir du pendule.

où les réactions du pendule se perçoivent le mieux. C'est à cet endroit que vous la tiendrez entre le pouce et l'index.

Evitez que le bout de chaînette non employé ne pende vers le pendule, car vous cesseriez de ressentir convenablement les ondes ; l'excédent de longueur de la chaînette sera maintenu dans le creux de la main ; ne contractez point le bras et gardez-vous de serrer exagérément la chaînette.

QUELS SONT LES MOUVEMENTS DU PENDULE ?

Le pendule subit, sous l'influence des ondes, trois sortes de mouvements, à savoir : les oscillations, les girations, les ellipses.

— 25

LES OSCILLATIONS.

Nous appelons oscillations les mouvements de va-et-vient du pendule dans un plan vertical ou horizontal, avec une action plus marquée dans un sens que dans l'autre.

Cette action établit la différence qui existe entre l'oscillation normale et l'oscillation du pendule.

Dans une oscillation normale, en effet, le mouvement de va-et-vient se fait également de part et d'autre de la position d'équilibre.

Ces mouvements oscillatoires du pendule sont entretenus et s'amplifient suivant la masse et son pouvoir radio-actif d'une part et la sensibilité de l'opérateur d'autre part.

Notons que la distance n'influence en aucune manière les réactions du pendule.

LES GIRATIONS.

On appelle girations les mouvements de rotation ou circonférences du pendule. Dans le mouvement giratoire, la chaînette et le pendule dessinent dans l'espace un cône dont le sommet est le dessus de la chaînette et la base l'extrémité du pendule.

Les girations peuvent prendre le sens des aiguilles d'une montre, on les dit alors positives. Si, au contraire, elles se font dans le sens opposé à la marche des aiguilles d'une montre, on les dit négatives.

Les girations se manifestent suivant la polarité des métaux ou corps à rechercher ou à détecter.

26 —

LES ELLIPSES.

Nous nommons ellipses les deux ou trois boucles formées par le pendule pour effectuer la transition entre les oscillations et les girations, en vue d'obtenir les séries dont nous parlerons plus loin.

Oscillation
d'un pendule physique.
Balancier, d'horloge ; etc.

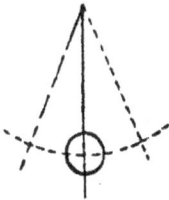

Oscillation du pendule
radiesthésique.

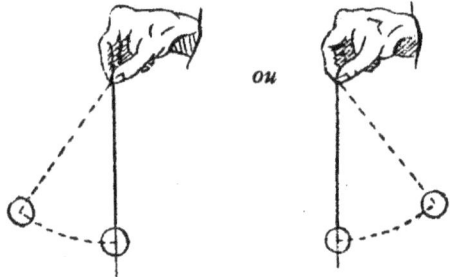

ou

Giration Positive.   Giration négative.

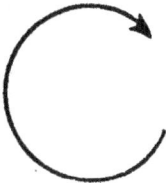

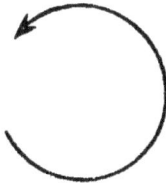

Ellipse.

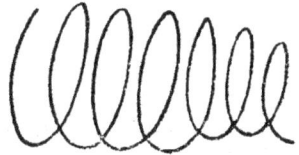

Comment s'effectue la transition.

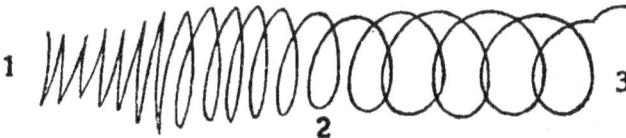

1. Oscillation ; 2. Ellipse ; 3. Giration.

— 27

LA BAGUETTE : INSTRUMENT GENERAL
DE RECHERCHE RADIESTHESIQUE.

Nous avons décrit le pendule qui est l'un des deux objets que le radiesthésiste tient à la main pour percevoir les réactions nerveuses de son propre corps au contact des radiations qu'émettent les corps observés.

L'autre objet indicateur dont se sert le radiesthésiste est la baguette.

Notons que le pendule est l'indicateur sensible qui parachève le travail de la baguette.

* * *

FORME ET MATIERE DE LA BAGUETTE.

La baguette consiste en deux branches rondes ou plates, reliées entre elles par l'une de leurs extrémités. On aura eu soin, au préalable, de rechercher le positif et le négatif des branches.

Vous pouvez employer avec succès la baguette de coudrier (noisetier) qui est la baguette primitive, celle du sourcier.

Vous couperez une fourche à trois branches formant la figure 4. Vous enlèverez la baguette centrale A en lui laissant une longueur d'un centimètre environ. Le sommet D aura, lui, de 3 à 4 centimètres de longueur. Les branches B et C auront environ 50 centimètres de longueur et si possible un diamètre d'un centimètre. Cette baguette convient spécialement à la recherche de l'eau.

On se servira de préférence de baguette en fanon de baleine, de 5 à 6 millimètres de diamètre, rondes ou plates,

28 —

— ce sont les meilleures du reste, — ou de baguette d'ébonite.

Quant aux baguettes en métal, leur diamètre ne doit pas dépasser 3 millimètres ; ces baguettes sont plus solides et résistent mieux à la torsion, mais elles sont sans effet dans les recherches minéralogiques.

COMMENT TIENDREZ-VOUS LA BAGUETTE ?

La baguette doit être tenue horizontalement, ses branches prolongeant les avant-bras de l'observateur, celui-ci les tient à pleines mains, paumes en l'air.

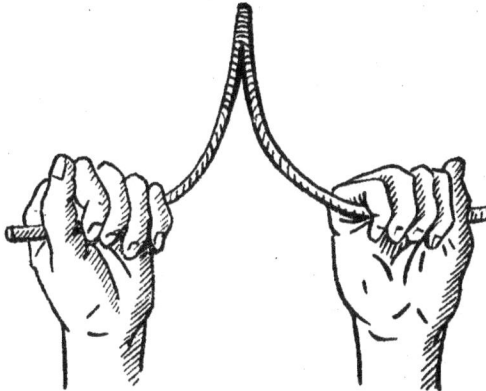

Vous pouvez faire passer les branches entre l'annulaire et l'auriculaire, afin de tenir la baguette plus solidement et de l'empêcher de tourner dans les mains.

Faites bien attention de ne pas laisser dépasser les mains de l'axe du corps, car les avant-bras doivent former un triangle régulier face au corps, sans pour cela se contracter.

Les influences positives attirent la baguette ; les influences négatives la repoussent.

— **29**

La canne pendule.

Le troisième instrument de prospection est la canne pendule qui permet de découvrir à très grande distance les sources et minerais.

SA COMPOSITION.

La canne pendule sera en cuivre rouge, argentée, courbée (cette partie pourra être en bois) ; elle aura la longueur d'une canne ordinaire. A l'extrémité de la poignée courbée, on fixera un crochet afin de pouvoir y attacher le pendule.

COMMENT SE SERVIR DE LA CANNE PENDULE.

Vous pointez l'horizon en tournant sur vous-même très doucement : pour les droitiers, de l'est vert le nord ; pour les gauchers, de l'ouest vers le nord. Quand vous vous trouvez dans les radiations d'une source ou d'un minerai recherché, la canne balance légèrement de haut en bas et le pendule se met à girer. Vous pouvez de cette façon détecter les radiations de corps se trouvant à 6 kilomètres de distance. La canne ne réagit pas sur un corps situé à moins de 6 mètres d'elle.

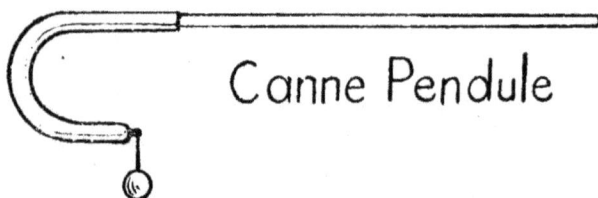

Canne Pendule

Qui peut être sourcier ?

Quatre-vingt pour cent des êtres humains, à mon avis, peuvent être sourciers. Evidemment, la réussite sera plus ou moins bonne ; comme dans toute science, il y a les bien doués et les autres.

Les nerveux sont-ils mieux doués ? La question m'a été posée quantité de fois. Il arrive qu'on trouve parmi eux de bons sujets, mais pas nécessairement.

Des tempéraments bilieux réussissent très bien, mais ce qu'il faut, avant tout, c'est au moins 25 % de volonté pour la recherche ordinaire et 90 % pour la recherche à distance.

Suivant Benoît Padey, dans son « Traité complet des secrets de la baguette et du pendule des sourciers », l'opérateur aurait différentes influences de polarisation suivant la formation des épaules et des hanches ; par exemple, on dira d'une personne qui a l'épaule droite plus longue que la gauche, qu'elle est polarisée positivement. Benoît Padey définit, de cette façon, huit catégories de polarisation. Pour ma part, je n'attache guère d'importance à la conformation du corps. Ce que je puis affirmer, c'est que tous nous portons en nous un appareil émetteur et récepteur d'ondes.

Nous naissons tous sourciers, mais pas radiesthésistes, car il faut étudier pour devenir radiesthésiste.

La radiesthésie n'a pas de secret ; le seul secret est le travail et la persévérance.

— 31

METHODE DE L'ABBE MERMET.

Une méthode qui donne de bons résultats est celle employée par le fameux radiesthésiste l'abbé Mermet, qui malheureusement vient de mourir (c'est une très grande perte pour la radiesthésie).

Prenez un pendule de 50 à 100 grammes, laissez-le descendre doucement face au plexus solaire du candidat debout, et ce à quelques centimètres du corps. Le pendule prend alors un mouvement net d'oscillation ou de giration qui, après un nombre déterminé de mouvements, s'arrête. Notons qu'il est bon de refaire l'essai plusieurs fois pour s'assurer du chiffre obtenu.

Un sourcier possible aura de 17 à 30 battements ; le sourcier doué, de 30 à 40 ; au-dessus de 40 battements, il est de règle de se montrer prudent, car le candidat peut être sujet à la suggestion, par un état trop sensible qui, par la pratique, peut se corriger.

En-dessous de 17 battements, diverses causes peuvent empêcher de ressentir les ondes, état de santé défectueux, momentané souvent. Ne nous décourageons pas et reprenons l'examen après un temps relativement court.

Très souvent après une maladie le phénomène se produit.

Mon système consiste à faire placer les deux mains du candidat, paumes en l'air et côte à côte ; une autre personne fait balancer le pendule au-dessus du petit espace qui se trouve entre les deux mains ; le candidat écarte tout doucement celles-ci. Si le pendule au départ change de direction, c'est que les aptitudes sont grandes ; si au contraire le pendule met plus de temps à changer de direction, les aptitudes sont ordinaires ; mais si le pendule s'arrête, c'est un indice que les aptitudes sont momentanément arrêtées.

Vous ne serez pas sourcier du jour au lendemain.

Il arrive fréquemment qu'au cours d'expériences faites en société, que des personnes se révèlent instantanément douées. Est-ce assez pour réussir ? Non, il faut un travail dirigé, une méthode éprouvée et une bonne économie du temps qui nous gardera de rechercher ce qui est déjà découvert.

Il ne faut pas se croire expert dès la première réussite et ne pas courir d'emblée au plus difficile ; ce serait discréditer les radiesthésistes de réelle valeur.

Comme il existe des êtres exceptionnellement doués en musique, en peinture, il en est de même pour la radiesthésie. J'en ai vu certain qui, au cours de prospections que nous faisions ensemble, n'avait qu'à étendre le bras pour désigner, sans pendule ni baguette, les points d'eau souterraine.

Pour ce qui me concerne, à l'approche d'une source, je ressens une sensation de lourdeur qui me prend aux épaules.

C'est le moment de reprendre les paroles de l'abbé Mermet : « Mais qu'on ne l'oublie pas : comme on fera difficilement d'un chien berger un bon chien de chasse, d'un cheval de trait un bon cheval de course, d'un homme qui n'a pas d'oreille un bon musicien, de même on ne fera qu'un piètre sourcier, coutumier d'échecs, malheureux, mais aussi dangereux pour ses semblables, d'un candidat qui n'a pas reçu le don ; je veux dire les aptitudes physiologiques, intellectuelles et morales qui sont indispensables pour faire un bon radiesthésiste. »

— 33

DE L'AUTO-SUGGESTION.

Vous devez éviter avant tout de *vouloir* trouver la chose recherchée. Imposez-vous l'abstraction la plus complète et la neutralité mentale la plus absolue. Le pendule, par la loi des semblables (témoins) ou par la loi de sympathie, trouvera lui-même l'objet ou corps recherché.

POUR RETROUVER SA SENSIBILITE.

Si au cours de vos prospections, vous sentez un affaiblissement dans vos sensations de radiations, arrêtez-vous : vous êtes fatigué ou en état de « fading » ; c'est-à-dire que vous avez, comme en T. S. F., un évanouissement du son qui vient si fâcheusement troubler nos auditions. Ce phénomène se produit chez vous ; les radiations s'évanouissent et souvent sans aucune cause apparente.

Le docteur Chavanon conseille d'absorber une goutte de teinture-mère de giraco dans un peu d'eau pour retrouver sa sensibilité.

L'abbé Mermet propose d'étendre la main en antenne dans la direction du soleil.

Pour ma part je crois que le meilleur moyen est de se reposer et recommencer un peu plus tard ou le lendemain le travail. C'est qu'à ce moment, vous vous trouvez dans un état de fatigue ou que l'atmosphère subit certaines manifestations, orages, tremblements de terre, etc...

Vous pouvez, en frottant de l'ébonite sur votre manche et en respirant l'ozone qu'il dégage, retrouver vos facultés.

Théorie des radiations.

La radiesthésie ou la science de la baguette ou du pendule est cette science par laquelle certaines personnes peuvent reconnaître, au moyen de la baguette ou du pendule, la présence de corps cachés ou non dans l'écorce terrestre, ainsi que le volume et le poids de ces corps.

TOUT CE QUI EXISTE VIBRE ET RADIE.

Comme beaucoup d'autres sciences, l'électricité notamment, la radiesthésie a des côtés mystérieux.

Rappelons que tout ce qui existe dans la nature émet des radiations.

Lorsqu'en 1890, l'auteur de l'évolution des forces et de l'évolution de la matière émit ses théories sur la dissociation de la nature et son émanation, les recherches et découvertes faites par le moyen de la radiesthésie pouvaient espérer être un jour acceptées par la science. Personnellement, c'est à la lecture et à l'étude, pour mieux dire, de ces ouvrages, que je me trouvai amené par déduction à la radiesthésie.

Ces ouvrages nous apprennent que la matière est faite d'atomes, différents les uns des autres. Or tous ses atomes sont des condensateurs d'énergie, et l'énergie atomique est une énergie radiante à des fréquences différentes.

Tous les corps, qu'ils soient liquides, solides ou gazeux, produisent autour d'eux un champ d'influence, ou champ des forces.

Ce champ est électrique, magnétique et vibratoire. Il varie suivant la position des lieux, le temps, la nature, le

— 35

genre ; il varie encore selon que le corps étudié se trouve en terre ou sur la terre, dans un appartement ou au dehors, et aussi suivant qu'il fait jour ou nuit, que c'est l'hiver ou l'été, qu'il s'agit de personnes ou d'animaux, de minerais, de plantes ou de maladies.

Chaque corps produit une ou plusieurs radiations qui lui sont propres et le distinguent bien clairement d'un autre.

LA LOI DES SEMBLABLES ET LA POLARITE.

Nous savons que la loi des semblables existe en électricité, où les électricités du même nom se repoussent. Or ce qui existe en électricité existe en radiesthésie.

Si vous cherchez de l'or ou de l'eau, ou tout autre chose, et que vous tenez en main le même objet que vous recherchez, votre pendule ou votre baguette seront attirés si vous êtes positif, et repoussés si vous êtes négatif, et vice-versa suivant que l'objet recherché est positif ou négatif.

Il est par conséquent nécessaire que vous connaissiez votre polarité.

Pour trouver votre polarité, placez un pendule au-dessus de la paume de la main, ou mieux, demandez à un radies-thésiste de la rechercher. Si le pendule tourne dans le sens des aiguilles d'une montre, donc à droite, vous êtes positif ; s'il tourne en sens contraire des aiguilles d'une montre, soit à gauche, vous êtes négatif.

L'essai se fait sur la main gauche.

Supposons que vous soyez positif et que vous recherchiez de l'or. Aussitôt que vous arriverez dans la zone de rayonnement de l'or, votre baguette ou pendule seront attirés et marqueront l'endroit où se trouve le métal.

Seulement, comme il ne se trouve pas que de l'or en terre, vous subirez le champ des influences des autres minerais et vous aurez à éliminer ces divers champs d'influences. Nous étudierons ces influences plus tard.

D'après Benoît Padey, les radiations que nous captons sont transportées par cinq genres d'électricité qui correspondent à cinq zones électriques.

La première, la Tellurienne, qui a une épaisseur de 3^m03.

La deuxième, l'Ethérienne, aurait 161^m42 d'épaisseur.

La troisième, l'Eolienne, aurait une épaisseur de 5.762 mètres.

La quatrième, la Cosmienne, aurait 9.762 mètres.

La cinquième, l'hyper-cosmienne, aurait la formidable épaisseur de 54.762 mètres.

Nous obtenons ainsi une épaisseur totale de 70.450^m45 qui correspond à peu de chose près à l'épaisseur de la couche d'air qui nous environne et que l'on assure être de 70 à 80 kilomètres.

COMMENT CAPTONS-NOUS CES ONDES ?

M. René Lacroix a l'Henry, dans son ouvrage manuel de radiesthésie technique et pratique, donne un compte rendu détaillé du poste de T. S. F. par rapport au sourcier.

Nous pouvons le résumer de cette façon : le poste de T. S. F. reçoit des ondes inaudibles et les transformes en ondes sonores ; le radiesthésiste reçoit les ondes invisibles et les transforme en sensations perceptibles et traduisibles.

— 37

LA RADIESTHESIE, COMME LA T. S. F.,
SUBIT LE « FADING ».

Tout comme en T. S. F., le radiesthésiste connaît et subit le fading ; le phénomène avait été décelé avant que l'appareil de T. S. F. existât, par Vallemore. Je parlerai même de sortes de syncopes, le don du radiesthésiste étant soudain interrompu. J'ai vu une même personne employer la baguette avec succès et soudain la trouver insensible. Le phénomène tient à la personne du radiesthésiste. J'en trouve la preuve dans le fait que la baguette, suspendue à un pivot ne s'incline point sur les eaux ou sur les métaux. Privée du radiesthésiste, elle est sans vertu.

Le professeur Marcel Monier, de Liége, qui est l'apôtre de la biologie, parce qu'il peut se glorifier d'avoir, malgré les railleries, établi d'une façon irréfutable et scientifique que la radiation humaine existe, est parvenu à prendre des clichés sur lesquels on voit, pour les personnes malades, les radiations contourner les doigts, tandis que les radiations se présentent lancées en aigrette pour les personnes bien portantes.

C'est encore ce même professeur qui, ayant monté un pendule sur potence, demande à un homme de placer sa main sur le fil de cuivre qui vient de la potence. Que se produit-il ? A peine la main placée sur ce fil, le pendule se met à osciller ; un second homme vient, prend la main du premier et forme une chaîne, le pendule aussitôt augmente ses amplifications ; un troisième, un quatrième, et ainsi de suite, le pendule oscille toujours plus fort. A ce moment, une dame vient au bout de la chaîne formée par les messieurs. Que se produit-il ? Le pendule ralentit. Une seconde

38 —

dame arrive, il ralentit davantage ; une troisième, il s'arrête ; une quatrième, il change de mouvement et se met à girer.

Que s'est-il produit ? Les radiations humaines se sont marquées nettement dans le sens du sexe et suivant l'amplitude des radiations ; mais l'expérience prouve que la radiation humaine existe bien.

LE RAYON FONDAMENTAL.

Outre les rayons électriques que nous avons décrits, il existe un rayon physique appelé fondamental.

Les ondes du rayon fondamental échappent aux recherches des savants. Le radiesthésiste est le seul à le découvrir.

Quelle est donc la nature de ces ondes ?

Observons que chaque corps se désagrège. Le travail constant moléculaire engendre le champ à étudier.

Chaque corps à une onde donnant une série, une couleur, un rayonnement, qui lui est propre. S'il s'agit d'un minerai et qu'il contiennent différents corps, il donnera la série ou onde de chacun des corps, en commençant par celui qui domine.

Le rayon fondamental a été découvert par l'abbé Mermet qui en donne l'explication suivante :

Tout corps a un rayon fondamental qui radie suivant un angle invariable, de direction nord-est, et avec une inclinaison constante ; sa longueur est proportionnelle au poids et à la masse.

Prenons un exemple. Une pièce d'argent de 10 grammes a sa direction fondamentale vers l'est, la longueur du rayon sera de 10 centimètres.

— 39

LE RAYON MENTAL.

Le rayon mental relie l'objet au radiesthésiste ou à toute autre personne ; on l'appelle mental parce qu'il établit un contact direct entre l'objet et le cerveau de l'observateur. Ce rayon ne cesse de nous servir.

En effet, notre organisme est un poste récepteur qui reçoit à flot et à travers tous les obstacles, les ondes des corps vibrants.

Notre cerveau capte les ondes qu'il veut bien recevoir et élimine les autres.

Il le fait à l'image de l'appareil de T. S. F. qui capte, sépare et transmet le message des ondes hertziennes, et ceci n'empêche point les autres postes de capter en même temps ce que vous captez pour votre compte.

Je n'essaierai pas davantage d'expliquer ce que les savants eux-mêmes renoncent à comprendre. Reconnaissons simplement, à la lumière de quantité d'expériences probantes, le fait. Ce n'est pas le premier que nous acceptons sans pouvoir nous l'expliquer.

LES RAYONS LUMINEUX.

Suivant certains radiesthésistes et non des moindres, le soleil jouerait un rôle capital. Je ne nie nullement les réactions solaires, mais je crois devoir faire remarquer qu'une force de lumière électrique remplace avantageusement les rayons solaires.

J'ajouterai encore qu'il est plus facile de travailler quand le soleil est caché par les nuages. Comme il y a alors peu ou pas d'images magnétiques, le travail en est simplifié.

40 —

J'en déduis qu'il n'est pas indispensable d'avoir du soleil pour travailler et qu'il suffira, la nuit, d'avoir un éclairage artificiel, ou de la clarté lunaire (nécessaire dans certaines recherches). Mais il est évident qu'un radiesthésiste éprouvé tirera grand parti des rayons solaires qui aident dans les recherches sur terrain.

LES IMAGES.

Par temps d'orage ou par soleil trop puissant, nous nous butons aux images. Ces images ou réverbérations, qui se déplacent autour de l'objet, font le désespoir des débutants ; elles ne cessent de changer, car les périodes sont courtes.

Pourtant il arrivera qu'on se serve de ces images, quand l'objet réel est inabordable. On travaille alors sur l'image comme on travaillerait sur l'objet réel.

C'est un sujet sur lequel nous aurons l'occasion de revenir au cours de nos recherches ; nous donnerons alors les moyens et la méthode, suivant chaque cas, de supprimer l'image.

Mais, d'une façon générale, nous pouvons dire que l'aimant ou le bâton de soufre placé à un mètre du point recherché supprime l'image.

PHENOMENES DE REMANANCE.

La remanance est la radiation que laisse tout corps, après avoir été enlevé.

Vous expérimenterez facilement ce nouveau phénomène.

Prenez, par exemple, un aimant, déposez-le sur une table ; votre baguette ou votre pendule vous transmettront ses radiations. Laissez l'aimant une quinzaine de minutes sur la table, après quoi vous l'enlèverez. Votre baguette ou le pendule continueront de marquer sa présence ; il est superflu d'ajouter qu'un tel phénomène est à la source d'échecs nombreux.

Ainsi, cherchant à découvrir un trésor et ressentant nettement ses rayonnements et, par conséquent, son apparente présence, vous commencez à creuser le sol. Parvenu à l'endroit où il devait se trouver, vous découvrez simplement l'emplacement où il était enfoui. Le trésor avait été enlevé.

J'ai vu au cours de recherches un point radiant l'or ; on creuse ; à peine quelques pelletées de terre enlevées, plus rien ne radie. C'est la remanance.

La remanance fut découverte à la suite d'un échec.

A un congrès de radiesthésistes, au cours d'une expérience où l'on recherchait une statuette d'argent, les radiesthésistes, l'un après l'autre, marquaient le même point. L'on creusa et, à la stupéfaction des chercheurs, il n'y avait rien !

Quelque temps après, on apprit qu'effectivement, il y avait quelques années, on avait découvert, au cours de travaux, une statuette en argent à l'endroit désigné par les radiesthésistes. Cet échec a valu la découverte de la remanance, car on a pu alors établir que les radiations d'un objet laissaient leurs radiations sur tout ce qui les entourait.

Comment éviter la remanance.

Tout d'abord nous avons le disque noir, car il est établi d'une façon formelle que s'il y a image ou remanance et que vous teniez en main un disque noir, le pendule

42 —

continue à tourner si vous êtes sur une réalité ; il s'arrête si vous êtes sur une image ; le même phénomène se produit avec un bâton de soufre placé sur le sol ou tenu en main.

Un disque blanc placé entre le pendule et l'emplacement où l'on croit trouver l'objet, déterminera également si réellement vous êtes sur l'objet cherché. S'il s'arrête, vous êtes sur une remanance ; s'il tourne, vous êtes sur la réalité.

Vous pouvez contrôler à nouveau par le moyen suivant : connaissant l'emplacement, vous laissez travailler votre pendule ; si celui-ci, après des girations, ne trace qu'une seule branche de l'aile de moulin, c'est qu'il y a remanance.

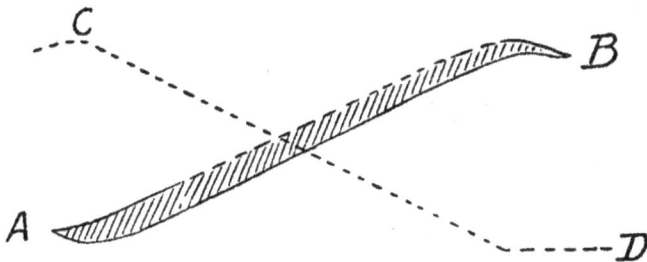

A-B   la branche marquée.
C-D   la branche qui ne s'est pas marquée.

Concluons :

De tout ce que nous venons d'exposer, il ressort nettement que la connaissance de ces rayons est indispensable au radiesthésiste.

Rappelons-les :

1° Le rayon fondamental appartenant à l'objet recherché ;

2° Le rayon mental appartenant au radiesthésiste ;

3° Le rayon lumineux reliant la lumière à l'objet.

Les trois rayons suffisent aux recherches ; tous trois nécessitent certaines conditions, car ou bien ils sont altérés ou bien ils peuvent l'être accidentellement.

Au surplus, le radiesthésiste comparera l'appareil de T. S. F. et l'appareil de radiesthésie.

LE FLUIDE D'INTENTION.

C'est celui qui pénètre l'observateur quand celui-ci veut faire usage de sa volonté.

Son avantage avant tout est de permettre au radiesthésiste d'éliminer, de parti-pris et immédiatement, toutes les influences inutiles qui risquaient de le troubler. Car il n'arrive jamais qu'un objet recherché n'émette seul ses radiations. Au contraire, le radiesthésiste est sollicité de toutes parts par d'autres radiations.

Nous savons qu'un même objet émet des radiations diverses.

La source émet des radiations spéciales à l'eau, d'autres au débit, d'autres à la profondeur, d'autres aux matières qu'elle contient, et c'est ici que le fluide d'intention agit, car il permet de démêler l'écheveau compliqué des différentes radiations et de retenir seulement celle recherchée.

Mais comment l'employer ?

Si nous recherchons de l'eau, nous fixerons notre volonté sur de l'eau, *sans vouloir pour cela trouver de l'eau*, car nous ne devons jamais travailler par suggestion mais sim-

44 —

plement mettre tout notre cerveau, appareil récepteur, au service du rayon *seul* que nous recherchons.

Nous allons vous donner à titre indicatif le tableau de Mendeleef.

	Poids atomique			Poids atomique
1. Hydrogène	1		35. Brome	79,9
2. Helium	4		36. Kripton	82,9
3. Lithium	6,9		37. Rubidium	85,4
4. Glucinium	9,1		38. Strontium	87,6
5. Bore	10,9		39. Yttrium	88,9
6. Carbone (charbon, dia-			40. Zirconium	91
mant)	12		41. Colombium	93
7. Azote	14		42. Molybdène	96
8. Oxygène	16		43. Masurium	
9. Fluor	19		44. Tuthenium	101,7
10. Néon	20,2		45. Rhodium	102,9
11. Sodium	23		46. Palladium	106,7
12. Magnesium	24,3		47. Argent	107,9
13. Aluminium	27		48. Cadmium	112,4
14. Silicium	28,3		49. Indium	114,8
15. Phosphore	31		50. Etain	118,7
16. Soufre	32		51. Antimoine	121,8
17. Chlore	35,5		52. Tellure	127,5
18. Argon	39,9		53. Iode	126,9
19. Potasse	39,1		54. Xenon	130,2
20. Calcium	40,1		55. Cesium	132,8
21. Scandium	45,1		56. Baryum	137,4
22. Titane	48,1		57. Lanthane	138,9
23. Vanadium	51		58. Cerium	140,2
24. Chrome	52		59. Praseodyme	140,9
25. Manganèse	54,9		60. Neodyme	144,3
26. Fer	55,8		61. Illinium	
27. Cobalt	58,9		62. Samarium	150,4
28. Nickel	58,7		63. Europium	152
29. Cuivre	63,5		64. Gadolinium	157,3
30. Zinc	65,4		65. Terbium	159,2
31. Gallium	69,7		66. Dysprosium	162,5
32. Germanium	72,4		67. Holnium	163,4
33. Arsenic	74,9		68. Erbium	167,7
34. Selenium	79,2		69. Thulium	169,4

— 45

	Poids atomique			Poids atomique
70. Ytterbium	173,6	82. Plom	207,2
71. Lutecium	175	83. Bismuth	209
72. Celtium	178	84. Polonium	
73. Tantale	181,5	85. Alabame	
74. Tungstene	184	86. Radon	222
75. Rhenium	186,3	87. Virginium	
76. Osmium	190,9	88. Radium	225,9
77. Iridium	193,1	89. Actinium	
78. Platine	195,2	90. Thorium	
79. Or	197,2	91. Brévium	
80. Mercure	200,6	92. Uranium	
81. Thallium	204,4		

DEUXIÈME PARTIE

COURS PRATIQUES

INSTRUMENTS DU SOURCIER.

Pendules. — Léger (cristal) de 5 à 10 gr. ; moyen, de 20 à 50 gr. ; lourd (ivoire) de 70 gr. et plus ; en ébène pour recherche de cavité ; vert clair pour recherche d'eau.

Baguettes. — De préférence en fanon de baleine.

Flacon pour le vide.

Flacon pour l'eau.

Ampoule pour le vide absolu.

Aimant.

Bâton de soufre.

Radiomètre, ou fil déviateur.

Neutralisateurs. — Disques : noir, blanc, de 10 centimètres de diamètre environ.

Témoins divers. — Suivant vos recherches.

Boussole.

LES COULEURS.

Vert spectre.	Gris.	Rose.
Jaune.	Blanc.	Bleu.
Orangé.	Jaune pâle.	Chocolat.
Rouge.	Ultra violet.	Corail.
Infra rouge.	Violet.	Vert mat.
Noir.	Indigo.	Bleu outremer.

PRECAUTIONS A PRENDRE POUR BIEN TRAVAILLER.

1° Ne pas être fatigué, énervé ou après une très grande colère.

2° Par temps d'orage, de pluie ou de grand vent (extérieurement).

3° Ne pas croiser les jambes.

4° Appuyer convenablement à plat sur le sol les pieds et principalement celui du même côté que la main qui tient le pendule.

5° Eviter en travaillant de porter trop de bijoux ; un bracelet-montre au poignet qui tient le pendule contrarie les radiations.

6° Un bandeau sur les yeux empêche les radiations de passer.

7° Un des bras de la baguette ligaturé ou une baguette mouillée.

8° Attention aux lunettes ; certains verres forment prisme et dévient les radiations.

9° Enlevez tous les objets qui se trouvent sur la table où vous travaillez.

10° Distancez à plus de deux mètres les personnes et curieux lors de vos expériences.

11° Ne jamais tenir votre bras, en serrant le poignet avec l'autre bras.

12° Ne pas travailler avec précipitation.

13° Attention à la suggestion.

14° Ne pas oublier de toujours vous orienter et si vous travaillez sur plan, l'orienter *toujours* au nord.

15° Si vos réactions sont presque imperceptibles, trempez votre pendule dans de l'eau chaude, les réactions reviendront.

16° Ne pas travailler dans l'obscurité ; il faut toujours un rayon lumineux.

17° Un objet caché dans un coin de pièce ne radie que le long du mur et n'est pas captable dans la pièce.

18° Ne pas être serré à la ceinture, aux jambes ou aux bras.

L'homme nu est particulièrement sensible aux radiations.

Vêtu, mais les pieds nus, il ne sent plus rien ; les mains gantées, il ne sent rien.

ENTRAINEZ-VOUS.

Le radiomètre est un instrument composé de trois parties :

1° Une boîte dorée (carrée de préférence) ;

2° Un fil cuivre mou de plusieurs brins ;

3° Une bobine pour enrouler celui-ci.

La boîte aura les dimensions suivantes (approximatives) : 10 centimètres sur 10. Au-dessus, sur le couvercle ouvert, vous placerez une boussole, car vous orienterez toujours votre radiomètre au nord. Aux deux côtés de la boîte, vous souderez ou attacherez vos fils de cuivre d'une façon quelconque, soit au moyen de boucles, mousquetons ou anneaux. D'un côté de la boîte, vous relierez un fil de cuivre mou ayant au moins 10 mètres ; pour les recherches professionnelles, il faut 50 mètres. De l'autre côté, vous placerez un fil de cuivre ayant 50 centimètres environ, dont le bout sera, lui, relié à une pointe en fer (car celle-ci devra se piquer dans le sol).

Dans l'intérieur de la boîte, vous placerez le témoin à rechercher.

— 51

Son but

1° Il servira dans les expériences sérieuses, comme fil déviateur d'ondes, soit pour trouver les profondeurs.

2° Il nous servira à rechercher la nature des différents terrains, dans un rayon de 45 degrés.

Son emploi

Vous placez votre radiomètre, aiguille de la boussole au nord ; votre grand fil, lui, sera tendu vers le sud ; l'autre fil sera tenu au sol par la pointe. On placera dans la boîte (radiomètre) un corps. L'opérateur se trouvant au bout du fil pourra nommer le métal placé, et ce sans l'avoir vu. Au début, pour faire l'expérience, on se mettra d'accord sur un nombre de corps déterminés à rechercher.

Supposons : or, cuivre, plomb. Vous aurez ces corps en double.

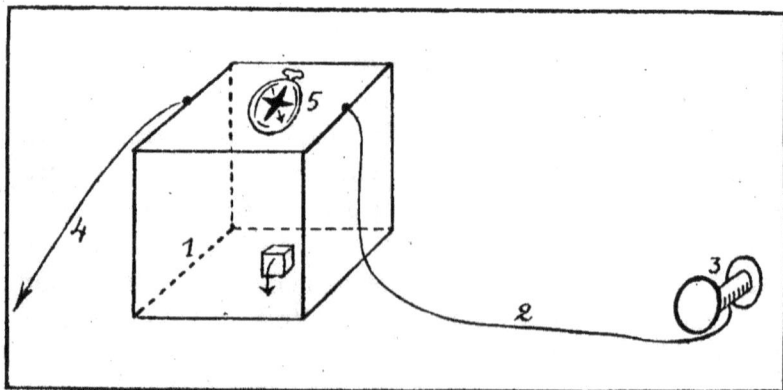

7° expérience, le radiomètre : 1. boîte dorée ; 2. fil de cuivre ; 3. bobine ; 4. fil de contact au sol ; 5. boussole ; 6. objet.

L'opérateur en aura une série près de lui. Ceci fait, une autre personne mettra un des corps dans le radiomètre et l'opérateur, après avoir examiné l'un après l'autre les témoins qu'il a près de lui, désignera celui qui se trouve dans le radiomètre parce que sur le même corps (loi des semblables) le pendule girera.

Recommencez l'expérience tant que vous soyez absolument certain et après un certain temps variez vos témoins.

Recherches des sources.

FAISONS UN PEU DE GEOLOGIE.

La géologie a eu, comme la radiesthésie, ses heures difficiles. N'a-t-on pas, jusque la fin du XIXe siècle, pris les géologues pour d'inoffensifs maniaques ! Un dessin de Toppfer dans les « Nouvelles Genevoises » en fait suffisamment état.

Or, on sait maintenant que la géologie sert à quelque chose.

Le géologue jouit, dans le public, de la considération (et celle-ci commence à s'attacher aux sourciers).

Il est l'homme qui connaît les pierres, il sait les interroger, il sait, si je puis dire, flairer la présence des matériaux utiles, eau, charbon, pétrole, minerais métalliques, etc... Mais le géologue, quoi qu'il dise ! aurait des résultats encore plus probants s'il connaissait la radiesthésie en application, car

— 53

il pourrait déceler sans forages les endroits qu'il désire trouver, chose qu'il ne peut faire que rarement.

Que rencontrons-nous en tout sol ?

Sans vous donner des notions de géologie, je vous indiquerai seulement la nature de certains rochers.

Nous aurons l'*anticlinal,* cassure superficielle résultant d'un soulèvement ou même d'un simple mouvement séismique.

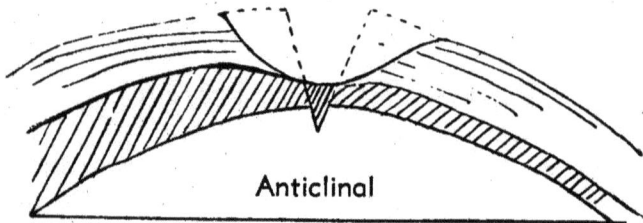

Anticlinal

Tandis que le *synclinal* géologique donne naissance à une vallée par un affaissement de terrain.

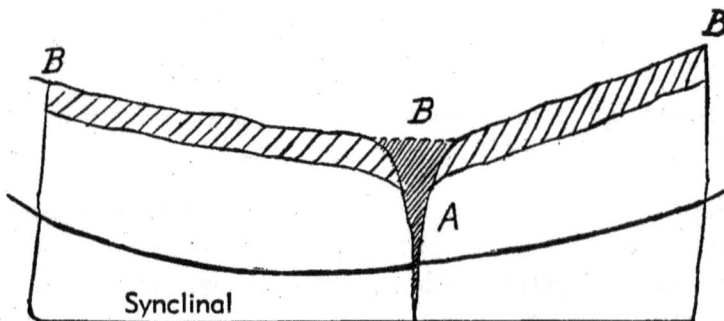

Synclinal

A. Fracture du sous-sol ; B. Affaissement.

54 —

Mais comment reconnaître la nature du terrain
par aspect extérieur ou par la végétation ?

Les sols granitiques sont dénudés et presque toujours stériles ; ils sont découpés par un grand nombre de petites vallées.

En général, on y trouve des châtaigniers, chênes-liège, pins maritimes.

Comme plantes de friches : le genêt à balai, la bruyère, la digitale pourprée, la fougère aigle, l'anémone jaune, l'ajonc, etc...

Sur les sols simplement humides, on rencontre des joncs, des carex, des prêles, etc...

S'ils sont tourbeux, ils sont caractérisés par la plante spéciale, la houque laineuse.

Sur les terrains argileux, on rencontre : peupliers, frênes, ormes, aubépines, coudriers (noisetiers).

Les plantes telles que : pas-d'âne, sureau-dyeble, la chicorée sauvage, la renoncule à tête d'or, l'ortie jaune.

COMMENT RECONNAIT-ON UN TERRAIN PERMEABLE POUR LA VEGETATION ?

Dans un terrain calcareux, le chêne ordinaire, le hêtre, le pin d'Alep, le tilleul, le faux ébénier, le cornouiller mâle, le cerisier de Sainte-Lucie, le mahoma à feuille de houx, le buis, l'épine vinette, etc., y croissent très bien.

Les plantes telles que les chardons, la gentiane, les coquelicots, l'ellébore petite, la digitale jaune, la carotte sauvage, l'ail jaune y croissent également.

— 55

Plus la végétation est touffue, fraîche et verdoyante, plus les eaux souterraines sont rapprochées du sol.

LA RECHERCHE PAR LES ACCIDENTS TOPOGRAPHIQUES.

Si le terrain est plat, peu accidenté et montre peu de ruisseaux, c'est l'indice qu'il est perméable.

Si au contraire le terrain est sillonné de vallons et ravins et renferme de nombreux ruisseaux ou cours d'eau, c'est qu'il est imperméable.

Cette remarque simple des terrains a son importance au point de vue hydrologique pour celui qui projette d'étudier une recherche d'eau car dans le premier cas les eaux se trouvent à peu de profondeur tandis que dans le second cas, on ne pourra les atteindre qu'après avoir traversé toute la couche imperméable.

C'est pour cela que nous ferons l'étude des terrains que l'on rencontre ordinairement afin de déterminer au pendule ou à la baguette, la nature du sol entre les couches géologiques et le niveau du sol.

Donc, résumons :

Dans les régions où les ruisseaux et les eaux stagnantes sont rares, il existe dans le sous-sol de nombreuses sources abondantes et peu profondes.

Dans les régions où les ruisseaux et cours d'eau abondent, dans les vallées, les eaux souterraines sont rares, et en tous cas ne se rencontrent qu'à de grandes profondeurs.

56 —

ORIGINE DES EAUX SOUTERRAINES.

Tous les vides qui se trouvent en sous-sol ont une tendance à se remplir d'eau.

Depuis les temps les plus reculés, on a toujours fait des puits ou des galeries horizontales pour capter les eaux. Plus récemment par les données géologiques on a creusé des puits artésiens mais le succès de ces puits a contribué à enraciner la notion inexacte de nappes aquifères homogènes et continues, assimilables à des surfaces mathématiques.

La circulation des eaux se fait uniquement par des vides plus ou moins grands, plus près l'un de l'autre dans des strates sableuses, et plus éloignés dans du calcaire.

Les sources provenant de terrain calcaire sont plus abondantes par suite du vide plus grand, mais de bien moins bonne qualité, parce qu'elles restent plus aisément contaminées.

Ce que l'on connaît des sources souterraines, n'est pas le tiers de ce que l'on ne connaît pas.

Les eaux circulant dans un anticlinal sont dites hypogées. Elles sont très saines parce que très filtrées.

Les eaux circulant dans un synclinal, ou phréatiques, sont peu filtrées et leur potabilité laisse parfois à désirer.

La formation d'une source est l'endroit où un courant arrive au jour.

Une source filonnienne sort de terre en venant d'une très grande profondeur.

Une source est dite intermittente quand elle ne coule qu'à des espaces de temps indéterminés.

Attention, en recherchant les eaux, à la terre mouillée, aux sables humides, aux drains et surtout au désir de trouver de l'eau.

— 57

METHODE POUR LA RECHERCHE
D'UNE SOURCE ORDINAIRE.

Dans nos recherches d'eau, en désignant celle-ci, nous voulons dire eau courante, glissant ou remontant dans des failles, ou fissures, jaillissant à la surface du sol, se remuant dans le sol et provoquant des radiations radiesthésiques. Et comment les provoquent-elles ?

Par un frottement de l'eau sur les parois contre lesquelles elle passe ; et produit par ce frottement, des ondes.

Une rivière ou un ruisseau, à ciel ouvert, ne donnera des réactions que sur ses bords ; une nappe stagnante n'en donne pour ainsi dire pas.

* * *

Le débutant ayant en main la baguette parcourra le terrain en tous sens ; il tiendra en main un tube en verre, rempli d'eau (témoin). Quand il arrivera dans le champ radiesthésique d'émanations d'ondes des eaux, il sentira la baguette tirer vers l'endroit où se trouve le courant d'eau, et toujours plus fort, tant qu'elle piquera violemment vers le sol. A ce moment vous vous écarterez de l'endroit et avancerez de nouveau doucement, afin de vous rendre compte si la baguette indique la même place.

Vous chercherez alors votre orientation, c'est-à-dire vous prendrez votre boussole qui vous donnera le nord magnétique ; or, connaissant celui-ci, vous avancerez de l'est vers l'ouest en coupant le point que vous aviez repéré. A ce moment vous aurez une saute de baguette. Ce sera le premier bord ou grande parallèle (car une source donne pour un radiesthésiste doué 7 lignes ou sautes de baguette

de chaque côté du courant, suivant schéma fig. E).
Ensuite il sentira une petite saute ; ce sera la médiane ou
quatrième ligne. Continuant à avancer, il sentira une saute
forte voire violente ; ce sera le point de passage de la
source. Il marquera l'endroit d'un jalon ou piquet puis
continuera à avancer pour marquer à nouveau la quatrième
ligne et le grand bord. Donc, à ce moment, vous aurez les
deux bords et le centre du passage d'eau.

Vous vérifiez alors si vous êtes réellement sur la source

Fig. E.

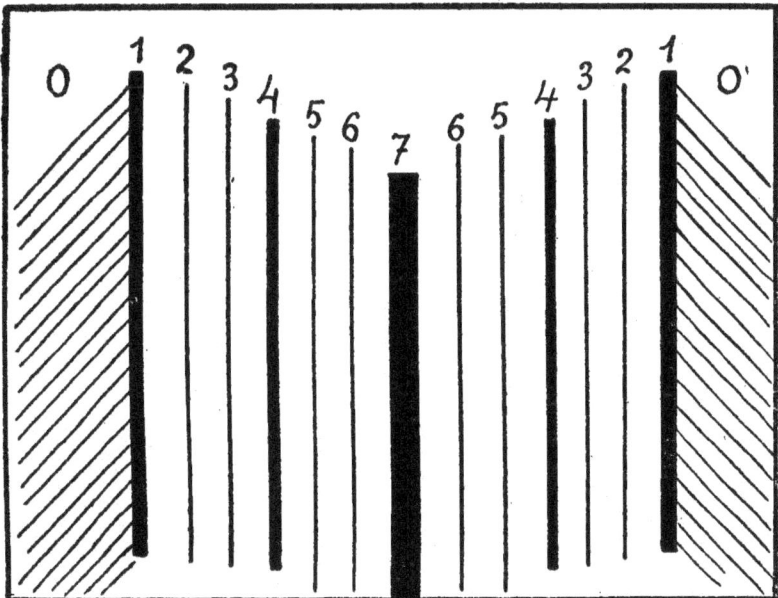

Situation de l'eau souterraine : o, terrain neutre ;
1, grandes parallèles ou lignes de bord ; 4, médianes ;
7, courant de la source ; 2, 3, 5, 6, lignes de forces
dites lignes de zones.

— 59

ou sur son image. Vous plantez une tige en fer au centre de la source. Si, à ce moment, votre pendule continue à tourner, vous êtes sur une image.

SENS DU COURANT.

Vous recherchez alors le sens du courant. Si vous recherchez à la baguette, vous pivotez sur vous-même (en étant placé au centre du courant) et en élevant la baguette au-dessus de la tête. Vous tournez donc, de droite à gauche pour un droitier et de gauche à droite pour un gaucher. A ce moment, à un point déterminé, la baguette est attirée et indique le sens et la ligne d'où vient l'eau, donc l'amont du courant. Si, au contraire, vous employez le pendule qui, lui, est plus sensible que la baguette, vous vous placerez au centre de la source ou du courant. Vous attendez le pendule en main. Celui-ci se met à girer puis à osciller dans le sens du courant, en tirant, lui, plus fort vers l'aval que vers l'amont.

Que connaissez-vous à ce moment ? L'emplacement du point de source, le sens du courant.

Maintenant vous allez rechercher la potabilité de l'eau.

POTABILITE.

Nous allons au moyen du pendule déterminer la potabilité de l'eau. Comment ? La manière est assez simple.

1° Par les témoins :

Mis en présence d'un témoin d'eau potable, si la source l'est réellement, le pendule girera (loi des semblables).

Le même procédé en eau contaminée, suspecte, minérale, thermale.

60 —

2° Par les couleurs :

Prenez un disque, ou un ruban vert clair. Si le pendule tourne dessus, c'est que vous êtes en présence d'une source d'eau potable.

S'il tourne sur du noir, l'eau est contaminée.

S'il tourne sur du vert mat, l'eau est suspecte.

S'il tourne sur un bleu outremer, l'eau est stagnante.

3° Par les séries :

L'eau potable a 7 girations.

L'eau contaminée a 4 girations.

L'eau suspecte a 3 girations.

L'eau stagnante a 2 girations.

Pour les eaux minérales, les eaux se marquent suivant les minéraux qu'elles contiennent. Se reporter au tableau de Mendeleef ou mieux à la rosace magnétique en hors-texte.

LA COULEUR DES EAUX [1].

Blanchâtre : crayeuse ou gypseuse.

Blanc jaunâtre : a passé sur des fossiles.

Noire : a passé sur asphalte ou craie noire.

Verte : contient du cuivre ou vitriol.

Rouille : contient du fer.

Rougeâtre : contient des substances animales.

Vert jaunâtre : contient du soufre ou du fer mêlé de cuivre.

GOUT DE L'EAU [2].

Une eau piquante contient de l'acide carbonique.

Une eau à goût de fer est ferrugineuse.

[1] et [2] De Benoît Padey dans *Les secrets de la baguette et du pendule*.

Une eau à goût d'œufs pourris contient du soufre ou du sel, ou a passé sur la tourbe.

Une eau à goût d'ail contient de l'arsenic.

DE L'ORIENTATION.

Pour percevoir plus facilement les ondes d'où radiations des corps cachés, eaux, minerais, métaux, etc., il est indispensable de bien s'orienter, de façon à se placer sur la ligne des ondes.

Le radiesthésiste, comme le marin, l'aviateur, devra nécessairement connaître son orientation afin de sélectionner les radiations que l'on désire capter.

QUEL GENRE DE SOURCE AVONS-NOUS RENCONTREE ?

Est-elle griffon, siphonante, à pression, minérale, thermale ?

La source Griffon.

La source Griffon est une source montant presque à la verticale d'une grande profondeur pour replonger par un autre conduit presque à la surface du sol.

Contrairement à la source ordinaire, le pendule ne marque pas le sens du courant, mais tourne très fort et indique par où l'eau s'échappe. Les grandes parallèles se marquent en rond.

La source siphonante.

La source siphonante est formée par des courants venant de grandes altitudes descendant jusqu'au fond d'une vallée

62 —

et remontant une autre montagne. Ces sources parcourent des trajets considérables, parfois plusieurs centaines de kilomètres. Ces sources ne sont pas captables dans la partie de leur cours où elles sont siphonantes (voir fig.   ).

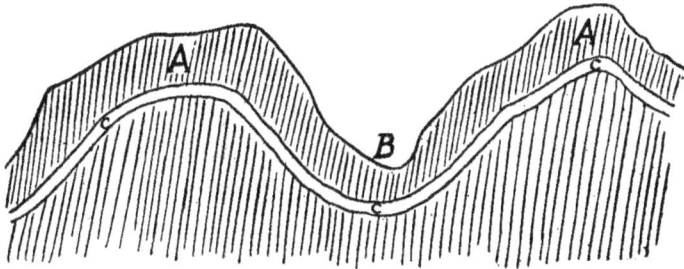

A. montagne ; B. vallée ; C. source.

J'ai pu constater, au cours de recherches et d'expériences, que des sourciers ayant indiqué une source dans un point donné, ont été déçus par les creusages exécutés en ce point pour la raison que la source est reconnue siphonante et se dérobe lorsqu'on arrive près d'elle.

Cette dérobade se fait par fuite de l'eau à gauche ou à droite et il est absolument inutile de poursuivre la source par de nouveaux creusages, car elle se déroberait sur toute la partie où elle est siphonante ; il arrive parfois que la source laisse une très petite quantité d'eau dans le puits creusé, mais celle-ci n'augmentera jamais et restera suffisante pour la protéger contre la pression atmosphérique.

Si on lui enlève cette eau, au bout d'un temps elle reviendra ; et si on lui enlève une quantité de fois, un beau jour elle ne revient plus.

— 63

QUEL EST L'INDICE D'UNE SOURCE SIPHONANTE ?

On reconnaît que l'on est sur une source siphonante par la méthode suivante :

Après avoir employé les moyens de rechercher une source ordinaire et avoir relevé son passage, vous vous placez au centre de celle-ci avec votre pendule. Si elle est siphonante le pendule oscille d'abord dans la direction d'où vient la source, s'arrête une première fois, se remet en marche et oscille du côté où la source s'en va, c'est-à-dire vers l'aval, puis s'arrête et enfin repart en rond et a ses mouvements assez accélérés.

Donc résumons : une oscillation en amont, un arrêt, une oscillation en aval, un arrêt, puis girations.

En plus, en remontant le courant, vous pouvez vous rendre compte d'où la source vient. Connaissant son cours vous pouvez la capter de cette façon : vous creusez dans

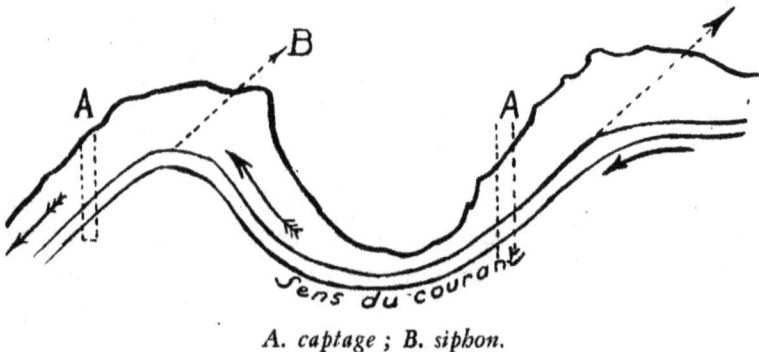

A. captage ; B. siphon.

la descente du courant de façon à laisser un siphon qui, lui, empêchera la source de se désamorcer.

La source siphonante devient post-siphonante en un point donné de son parcours, lorsque la source, à partir de ce point, descend continuellement au-dessous du lacet le plus bas qu'elle ait effectué dans sa course jusqu'à ce point considéré.

Une source post-siphonante n'est captable qu'à un niveau inférieur au lacet le plus bas de son cours de siphonance.

Je conseille de ne pas essayer de capter cette source sans avoir plusieurs années de pratique.

La baguette sur la source siphonante et post-siphonante se comporte de la façon suivante : la baguette descend, se redresse, redescend, se redresse et redescend une troisième fois.

LA SOURCE THERMALE.

Au-dessus d'une source thermale, le pendule oscille de quatre manières différentes avec trois arrêts.

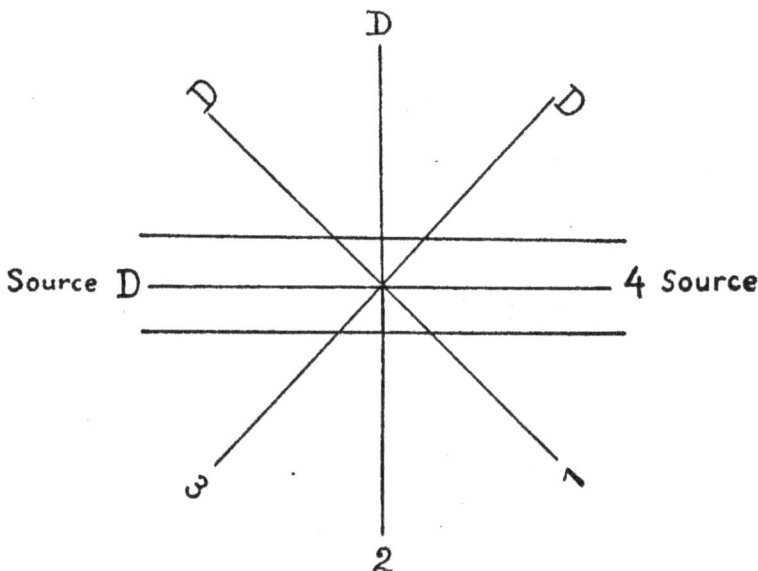

1° Le pendule oscille obliquement à la source suivant la direction D^1 puis il s'arrête.

2° Il oscille à nouveau dans le sens perpendiculaire à la source comme D^2 puis s'arrête une deuxième fois.

3° Il oscille obliquement à la source dans un sens opposé au premier par rapport à la perpendiculaire D^2 suivant D^3 ; il s'arrête une troisième fois.

4° Il oscille ensuite dans la direction D^4 parallèle à la source pendant un certain temps.

LA SOURCE MINERALE.

Ne donne pas les mêmes réactions que la source ordinaire car le pendule ne tourne pas ; seulement en plus vous aurez la série toute spéciale à cette eau, c'est-à-dire la série 17 = radio-activité. Parfois le pendule ou la baguette marque un sens négatif ou positif suivant les minerais qu'elle contient.

Les bords restent marqués comme les autres sources mais ils sont toujours marqués négativement.

Une source minérale donne des sections fluidiques doubles en longueur de celles des autres sources. Les influences sont magnétiques c'est-à-dire que si vous trouvez une profondeur de 5 mètres, il faut en compter 10.

Vous trouvant sur un terrain contenant une source minérale, la vue extérieure est caractéristique, car on y découvre des taches rouilleuses avec des mousses jaunâtres ; les herbes y poussent mal, sont hérissées.

Si toutefois les petites herbes, les mousses ou les sphaignes sont malingres ou recouvertes de taches grisâtres, grumeleuses au toucher et très chargées de matières magnésiennes, c'est que l'eau minérale est magnésienne.

Vous recherchez alors par les témoins la nature des minerais qu'elle contient.

Si vous prospectez sur une source d'eau minérale avec une bouteille ou flacon vide et que ce pendule se soulève — vous le sentez très nettement — c'est que la source contient de l'acide carbonique.

Contrairement à la source ordinaire, le pendule ne tourne pas en rond au milieu, mais oscille comme sur les bords.

S'il vient à tourner en rond, c'est que la source fait une remonte dans une faille de rocher au point examiné.

Notez bien au sujet des sources et des rivières souterraines, qu'il en existe où l'on pourrait naviguer tant elles sont puissantes. En Belgique, n'avons-nous pas aux grottes de Han un phénomène où les eaux de la Lesse disparaissent pendant 24 heures ! Ayant suivi son cours souterrain, j'ai constaté qu'elles passaient deux fois sous « Eprave » à des profondeurs différentes et en se croisant.

Jusqu'à présent on n'a encore donné aucune documentation ni fait, je pense, de recherches afin de savoir d'où vient l'eau qui alimente la fontaine de Moïse, car celle-ci est très curieuse au point de vue hydrostatique.

Cette source est composée de huit monticules de forme conique dont la partie supérieure a un cratère d'où l'eau s'écoule par des rigoles sur la surface conique. Le plus haut de ces monticules a 12 mètres et c'est à l'heure actuelle le seul où l'eau est tarie ; les autres ont différentes hauteurs et débitent normalement.

— 67

LA METHODE POUR CONNAITRE LA NATURE DU SOL
A TRAVERSER POUR CAPTER UNE SOURCE.

Nous connaissons l'emplacement où passe la source ; nous plaçons notre radiomètre sur celui-ci, le fil tendu vers le sud ; puis sur le fil, nous plaçons d'abord nos témoins l'un après l'autre, pour connaître la nature du sous-sol. Exemple : ayant placé un tube d'argile, le pendule gire, c'est que nous sommes en présence d'argile en sous-sol. Nous avançons le long du fil avec le témoin argile jusqu'au moment où nous obtenons une giration. Nous plaçons ensuite un tube calcaire, le pendule ne gire pas, donc c'est qu'il n'y a pas de calcaire en sous-sol. Nous présentons alors des témoins tant que nous ayons trouvé la nature du sol correspondante au témoin présenté. Nous longeons alors le fil jusqu'au point de giration, de ce point nous recherchons encore la nature du sol tant que nous arrivions à l'eau, et ainsi de suite. Mais alors il faut une quantité de témoins appropriés ? Evidemment. Vous vous confectionnerez une petite trousse contenant :

Un tube d'argile ;
» » de sable ;
» » de terre arable ;
» » de marne ;
» » de kaolin ;
» » de poudingue ;
» » de calcaire ;
» » de grès ;
» » de quartz ;
» » de schiste ;

Un tube de graviers (d'eau) ;
» » de charbon ;
» » de minerai de fer ;
» » de minerai de manganèse.

Ces témoins ne sont que les plus courants et la liste est loin d'être complète, mais vous pouvez très aisément faire la recherche avec ceux-ci.

Ayant après la recherche obtenu par exemple terre arable, argile, schiste, argile, graviers, nous recommençons

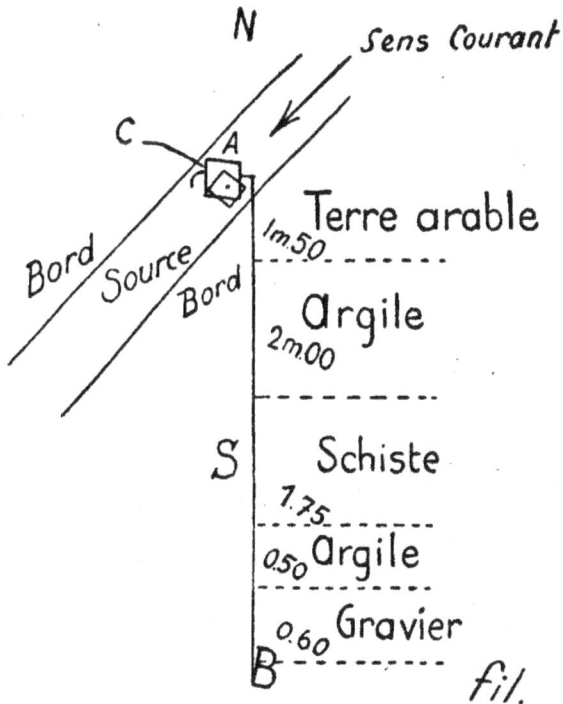

A   Radiomètre.
B   Fil.
C   Fil prise de terre.

l'opération ; nous nous plaçons le plus près possible du radiomètre et nous présentons un témoin ; nous parcourons le premier tronçon du fil. Si nous avons une réaction, c'est que le témoin répond à cette partie du sol ; nous mesurons alors sa longueur le long du fil, le résultat donnera sa profondeur en terre.

Nous aurions donc pour la source comme terrain à traverser 6^{m}35 mais comme nous avons 2 mètres d'argile, et que cette matière compte pour zéro, nous aurons donc 6^{m}35 + 2 mètres argile = 8^{m}35.

Vous emploierez ce système pour toutes vos recherches minéralogiques ou dans la recherche des souterrains, etc.

DU DEBIT.

Avant de creuser, vous devez rechercher le débit d'eau de la source.

Le système employé le plus fréquemment consiste à se placer, pendule en main, au-dessus de la source en position d'attente. Quand le pendule tourne, vous comptez le nombre de girations qu'il fait dans un délai de 10 secondes ; vous recommencez l'expérience plusieurs fois afin de contrôler.

Supposons 10 girations en 10 secondes, cela représente une source dont le débit sera environ de 1000 litres en 24 heures.

15 girations en 10 secondes donneront un débit approximatif de 1.500 litres en 24 heures et 20 girations dans le même laps de temps donneront environ 3.000 litres.

Au-dessus de 3.000 litres, la méthode diffère complètement.

70 —

GRAND DEBIT.

Nous allons donner d'une façon aussi complète que possible la méthode de calcul des grands débits.

Vous tournant face à l'amont du courant, vous avancez vers votre droite ; immédiatement après la ligne de force du courant, vous rencontrez un point de répulsion (par répulsion nous voulons dire giration négative ou positive, ou saute de baguette). Si vous continuez à avancer vers la droite, vous rencontrez des points qui se marquent à égale distance ; quand vous en avez compté 10, vous recommencez à la source ; en laissant toujours une distance égale, vous continuez encore tant que vous ayez retrouvé 10 points ; vous recommencez à nouveau et ainsi de suite tant que les répulsions se marquent. Quand vous ne sentez plus aucune radiation, vous comptez vos points ; ceux-ci ont chacun une valeur de 100 litres-minute. Donc : si vous en avez 10, 10 × 100 = 1.000 litres-minute ; si vous en avez 30, 30 × 10 = 3.000 litres-minute, et ainsi de suite.

— 71

Vous pouvez vous contrôler en recommençant l'expérience sur l'autre rive, c'est-à-dire vers la gauche du courant et ce à 10 mètre du bord pour les premiers points.

A, ligne de force de droite ; A', ligne de force de gauche ; 0^m90, espace entre chaque point qui peut changer avec chaque source, mais doit être rigoureusement respecté. C'est-à-dire que si vous trouvez un espace de 1^m20 au premier point, tous les espaces ayant rapport au débit de cette source, auront rigoureusement 1^m20 en tous sens.

L'hypothèse sur la formation des points de répulsion est basée sur deux forces, l'une centrifuge et venant de l'objet, l'autre centripète venant d'en haut par le poids de l'atmosphère. Ces deux forces en se rencontrant, provoquent des points de répulsion.

Température des sources.

Après l'angle des 45°, chaque point de répulsion représente un degré et est placé diagonalement par rapport au degré hydrotimétrique.

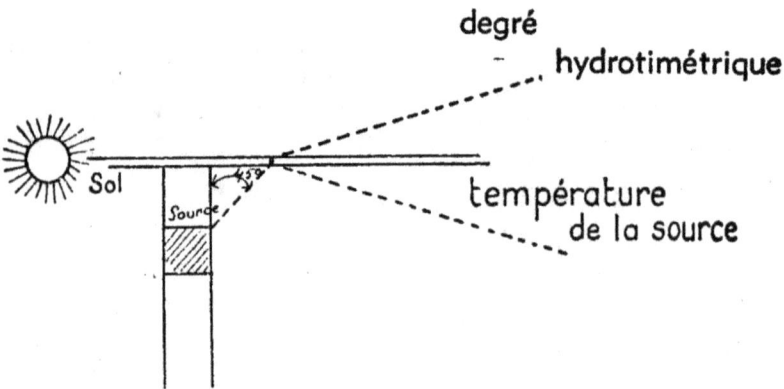

TABLEAU D'APRES LE LABORATOIRE MUNICIPAL DE PARIS.

Eléments	Eau pure	Eau potable	Eau suspecte	Eau mauvaise
Extrait sec à 180° . .	—	—	$>$ 500 mm³	—
Alcaliné en carbonate de chaux	—	—	$>$ 250	—
Ammoniaque	—	—	0 à 1	$>$ 1
Chlorure en chlorure de sodium	$>$ 27°	30 à 70°	80 à 160°	$>$ 160°
Sulfates en sulfate de chaux	3 à 8°	8 à 50°	50 à 85°	$>$ 85°
Chaux totale . . .	—	—	$>$ 200	—
Magnésie	—	—	$>$ 30	—
Phosphate	—	—	traces	—
Hydrogène sulfuré . .	—	—	traces	—
Oxygène pour la matière organique . .	$<$ 1	1 à 2	3 à 4	$>$ 4
Degré hydrotimétrique.	5 à 15°	15 à 30°	$>$ 30°	$>$ 90°
Degré hydrotimétrique après ébullition . .	2 à 5°	5 à 12°	12 à 18°	$>$ 20°

Le degré hydrotimétrique de l'eau radie du côté opposé au soleil et perpendiculairement et ce à droite de la source ; chaque point de répulsion représente un degré.

Une eau contaminée est dangereuse quand elle atteint 37° hydrotimétriques.

LE SPECTRE DE L'EAU. — LE VERT CLAIR.

L'hydrogène produit une ligne dans l'infra-rouge, une raie dans le bleu et une dans l'ultra-violet.

L'oxygène, lui, ne produit qu'une ligne dans le vert.

— 73

POUR LA RECHERCHE DES EAUX DES BUISSONS D'EPINES.

On a pu constater que des oiseaux déposaient sur le sol différentes graines et que ces petits oiseaux, par instinct ou sensibilité, choisissaient toujours un endroit où une source souterraine passait et ce à peu de profondeur. Et, coïncidence, l'endroit choisi est presque toujours un emplacement où il ne sera pas nécessaire de détruire l'arbuste.

J'ai déjà plusieurs fois creusé avec succès dans ces endroits.

De la profondeur.

Ayant trouvé la source, nous devons savoir à quelle profondeur elle se trouve.

Connaissant les deux lignes de force, c'est-à-dire les deux bords du courant, nous nous placerons face au courant c'est-à-dire en regardant vers le sens de l'eau. Nous avancerons baguette en main ou pendule, vers la gauche. Nous marquerons notre ligne de l'oxygène ou premier bord B. Nous continuons toujours vers la gauche face au courant ; nos instruments vont marquer un point E-D. Ce point donnera les 5° de profondeur. En continuant toujours vers la gauche nous trouvons une troisième ligne A-F. Cette ligne marque l'épaisseur du courant.

Nous nous replaçons au centre et repartons vers la droite et ce toujours face au courant. Nous rencontrons la ligne B' ou ligne du grand bord ou l'hydrogène. Continuant notre recherche vers la droite, nous trouvons la ligne A'-C qui est la ligne de profondeur ou ligne des 45 °; du point B', en nous dirigeant vers G, nous trouvons une saute ou gira-

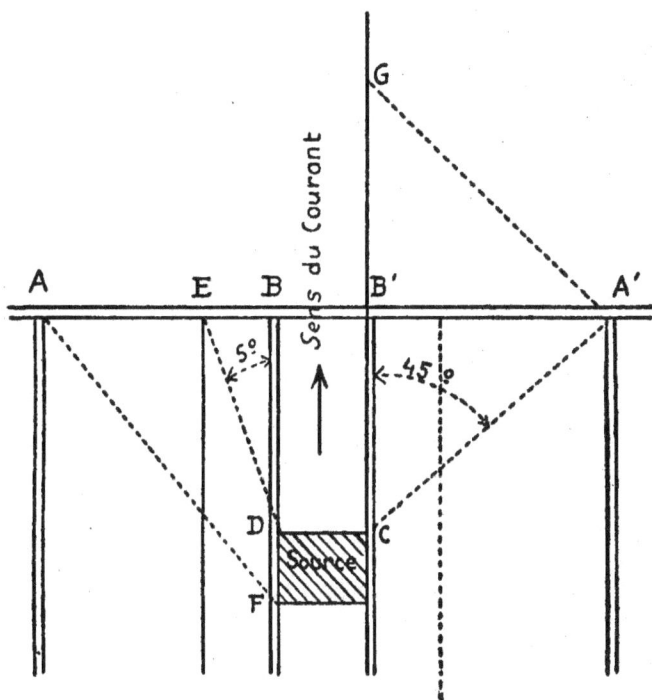

A-F	ligne d'élévation indique l'épaisseur du courant.
A'-C	ligne de profondeur des 45°.
E-D	ligne contrôlant les 45° par 5° ou 9ᵐᵉ partie.
B	ligne de l'oxygène ou 1ᵉʳ bord.
B'	ligne de l'hydrogène ou grand bord.
A'-G	la ligne A'-G est égale à B'-G ou des 45° et donne un contrôle de la profondeur.

tion ; ce point doit égaler en distance le point G-A' ou A'-C. C'est un contrôle.

Vous mesurez alors la distance entre B' et A'. Supposons qu'elle soit de 9 mètres.

— 75

Nous mesurons alors la distance entre B et E ; celle-ci nous donne 1 mètre qui, lui, est la neuvième partie des 45°, soit 9×1 mètre $= 9$ mètres. Nous mesurons alors la distance entre B et A. Supposons que nous trouvions 9^m45. Nous aurons alors $9^m45 - 9$ mètres $= 45$ centimètres ou profondeur du courant.

DEUXIEME METHODE DE PROFONDEUR.

Le radiesthésiste se place sur le courant, pendule ou baguette en main, frappe le sol du pied droit en cadence. Si vous frappez 6 fois, chaque coup étant égal à 1 mètre, vous obtiendrez 6 mètres ; les fractions se comptent par 25 centimètres et ce seulement par le coup de pointe du pied donné avec talon contre le sol. Le moyen est empirique, mais donne des résultats surprenants d'exactitude.

TROISIEME METHODE DE CONTROLE.

L'opérateur se place sur la source, le pendule arrêté, et attend que celui-ci se mette à girer. A ce moment il regarde le nombre de secondes écoulées du départ à la mise en marche.

Supposons 34 secondes. Pour moi personnellement il faut 22 secondes avant que les sensations ne viennent influencer mon pendule quand il est à l'arrêt ; d'autres, en faisant l'expérience, constateront qu'il leur faut 20 secondes, ou 26, ou 30. Donc il prennent leur chiffre de départ. Ici je vais donner l'explication avec le mien qui est 22.

Nous avons dit qu'il avait fallu au pendule 34 secondes

76 —

pour être influencé. 34 secondes — 22 secondes = 12 secondes. Vous divisez le chiffre obtenu par 2 et vous trouvez
12 : 2 = 6, soit 6 mètres de profondeur. Donc pour moi
toute seconde au-dessus de 22 et divisée par 2 représente le
nombre de mètres de profondeur.

QUATRIEME METHODE.

Connaissant la source, vous placez un fil ou le radiomètre sur le grand bord du courant, perpendiculairement à
celui-ci. Vous avancez en chevauchant le fil et dos tourné
à la source, jusqu'au moment où vous aurez un point de
radiation. Vous mesurez ou placez un piquet. Vous placez
alors votre fil dans le sens du courant ou parallèlement à
celui-ci et ce vers l'amont. Vous recommencez l'expérience
que vous venez de faire et mesurez à nouveau. Vous placez
alors votre fil en aval du courant et parallèlement à celui-ci
et de nouveau vous marquez un point. Ces trois points
doivent correspondre en tous points comme longueur.

CINQUIEME METHODE.

L'endroit de la source étant reconnu, l'on se place au
centre et l'on attend que le pendule se mette en giration ; à
ce moment, on place sur la main qui tient le pendule un
petit caillou de ruisseau. Le pendule s'arrête, on place un
second caillou, puis un troisième, un quatrième ; ainsi de
suite jusqu'au moment où le pendule se met en mouvement
de giration. Alors à ce moment on compte les pierres ;

chacune représente un mètre. La méthode est très employée en Suisse et donne d'excellents résultats.

Pour certains opérateurs, le pendule continue à tourner au moment où l'on met le premier caillou et ne s'arrête qu'après un certain nombre de pierres. C'est à ce moment que l'on compte la profondeur qui est égale à la quantité de pierres placées dans la main.

LA PROFONDEUR DE L'EAU DANS UN PUITS.

La profondeur se mesure du bord du puits vers l'ouest jusqu'au point de saute ou répulsion qui se produit au-dessus du fil déviateur ou radiomètre attaché au bord du puits.

L'endroit où l'on a trouvé les radiations correspond à la hauteur de l'eau dans le puits. En plaçant le fil du radiomètre à l'est, vous aurez alors la profondeur exacte du puits.

ATTENTION A L'ARGILE.

Lorsqu'une source passe sous certaines matières, l'angle des 45° n'est pas toujours exact. Pour une source dont la profondeur ne dépasse pas 16 mètres et que le sous-sol contient du lias, du stuf, de l'argile, il faut multiplier les épaisseurs par le coefficient 2. Exemple : 3 mètres d'argile, 3 × 2 = 6 mètres.

D'autres comptent l'argile pour zéro, ce qui revient au même. Si vous rencontrez au cours d'un forage 3 mètres d'argile, ceux-ci ne compteront pas. Exemple : source désignée à 6 mètres ; on rencontre dans les 6 mètres 3 mètres d'argile équivalant à zéro. Il restera 6 mètres — 3 mètres argile ou zéro = 3 mètres. Donc il faudra descendre encore 3 mètres en plus, ou 6 mètres + 3 mètres = 9 mètres.

Théoriquement et d'après mes recherches, l'argile ne laisse passer ses radiations que par moitié. C'est-à-dire que si nous rencontrons lors de nos recherches 2 mètres d'argile, c'est qu'en réalité il y a 4 mètres, n'ayant ressenti ou capté que la moitié de l'épaisseur.

Certains radiesthésistes ont des erreurs causées par des radiations radio-actives imprégnées par l'eau et donnant les mêmes séries que l'eau, mais n'étant qu'une couche minéralogique imprégnée d'eau.

Afin d'éviter ces erreurs, employez un témoin, minerai de fer, sur le point d'eau désigné. Si le pendule tourne sur l'endroit de la source repérée, ne forez pas, vous aurez un échec, car vous serez sur une partie minéralogique imprégnée d'eau et non sur une source.

— 79

TROISIÈME PARTIE

LE SOUS-SOL

Cavités - Failles - Trésors - Egouts - Canalisations.

CAVITES.

Rien n'est plus agréable que la recherche des cavités ou souterrains, soit dans des anciens châteaux-forts ou dans des grottes ; que de mystères cachés avec leurs légendes, que de richesses perdues ! Que de plaisir à les découvrir. Vos instruments peuvent vous aider à les arracher à leur demeure profonde.

Nous emploierons ici dans la recherche d'une cavité un pendule fait d'une bouteille vide dont le bouchon de liège a été perforé d'une corde ou chaînette ; on tient cette bouteille comme un pendule et l'on avance doucement soit au-dessus de ruines ou de roches de calcaire afin de découvrir les vides.

Que ressentez-vous ?

Au moment où vous passez sur la ligne de force du vide, votre pendule se met à osciller franchement dans le sens du bord et s'allège entre vos doigts, tire vers le centre du vide, ou alors il se met à tourner positivement ; sitôt passé le second bord, que votre pendule a marqué par une oscillation, le pendule s'arrête.

Vous pouvez naturellement faire la recherche au pendule

ordinaire, mais alors vous prenez un témoin, tube vide bouché avec un bouchon de liège.

Si toutefois vous employez la baguette, celle-ci se comporte comme pour une source sauf que, si vous avez des réactions d'attirance de votre baguette sur l'eau, vous aurez alors des réactions repoussantes sur le vide, c'est-à-dire que votre baguette agira en sens contraire de l'eau.

Maintenant que vous avez repéré le vide, vous devez vous rendre compte si à l'intérieur l'air y est respirable, s'il n'y a pas de cheminée de communication d'air.

Vous prenez alors une bouteille bouchée d'un bouchon à l'émeri dont vous vous servirez comme du pendule. S'il réagit sur la cavité, c'est que vous vous trouvez en présence d'un vide absolu. Vous pouvez, au pendule ou à la baguette, employer comme témoin une ampoule électrique dont on a enlevé le culot de cuivre.

Avec un peu d'entraînement, vous pourrez alors avec succès désigner tout ce qui se trouve dans le souterrain, la forme des murs, les colonnes, les escaliers, les Poires (anciens vases) qui renfermaient les trésors. Il arrive parfois que l'on rencontre de petites galeries en échiquier. Ces galeries contenaient jadis d'immenses trésors appelés « poires ».

Aujourd'hui il n'existe plus beaucoup de grands trésors. On ne retrouve plus que de petits trésors perdus par la dernière guerre ; en plus, bien de ces trésors n'ont été retrouvés parce que tout d'abord certains soldats savaient que la neige fondait plus rapidement sur une masse métallique enfouie dans le sol. Ensuite ces trésors placés dans certains terrains descendent doucement en terre avec le nombre d'années et bien des personnes ayant caché une somme à un certain endroit furent très étonnées de ne plus l'y trouver, sans penser qu'elle était entrée plus profondément dans le sol.

Il arrivera aussi que l'on sente encore très nettement avec influences normales les emplacements occupés jadis par ces trésors (c'est la remanance). D'ailleurs pour vous rendre compte de ce que j'avance, placez un objet en or dans la main d'une personne pendant un temps, puis enlevez-le ou faites enlever une bague ; vous vous apercevrez que si vous cherchez l'or, vous le trouverez dans la main où il a été ou à la place où la bague a été enlevée ; l'emplacement radiera comme si les objets étaient toujours là.

Ce phénomène durera approximativement un temps proportionnel équivalant au temps qu'il est resté en contact avec une matière quelconque.

Dans vos recherches de souterrains, pour trouver la forme de celui-ci, quand vous connaissez un bord, vous le suivez en laissant faire le pendule qui, lui, vous marquera tous les bords B ou colonnes A. Si vous rencontrez des escaliers, ceux-ci se marqueront au pendule de la façon suivante : une oscillation suivie d'une barre perpendiculaire à l'oscillation, puis de nouveau une oscillation, et ainsi de suite. Chaque série de trois barres que je viens de décrire, représente un escalier.

Sur le palier rien ne se produit.

Pour la baguette, quand on se trouve sur le vide, on tourne sur soi-même de droite à gauche, la baguette se redresse une première fois ; vous vous arrêtez, la remettez en place, vous continuez à tourner, elle se redresse une seconde fois ; arrêt, puis repartez, elle se redresse une troisième fois. C'est que vous êtes sur un souterrain ; vous

— 85

en suivez les contours de la même manière qu'avec le pendule. Les escaliers, eux, se marqueront par trois petites sautes de baguette pour chaque escalier.

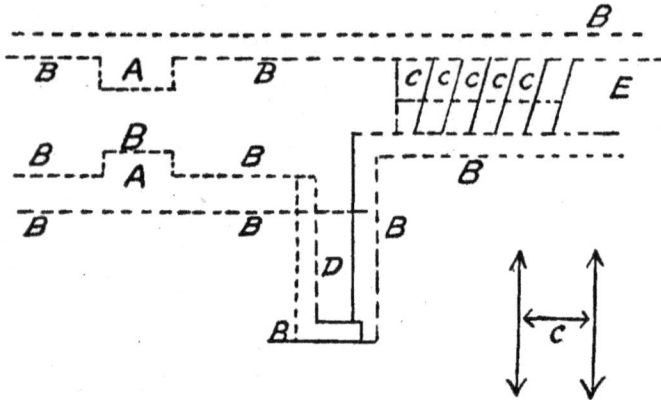

A   colonnes.
B   bords du souterrain.
C   escaliers.
D   poire.
E   palier.

Mouvement du pendule pour marquer un escalier.

Les influences du vide.

Quand on veut mesurer le vide et que l'emplacement le permet, on avance côté opposé au soleil. Vous rencontrez 10 sections ou girations espacées de 85 centimètres environ. Cet espace n'est pas fixe et varie suivant la profondeur de la galerie ou cavité qui est égale à 10 fois l'espace trouvé entre chaque giration.

Attention. — Si la première tranche entre le bord du souterrain et la première giration est par exemple de 50 centimètres, les neuf autres doivent être de 50 centimètres chacunes, ce qui donnerait 10 fois 50 centimètres ou 5 mètres.

86 —

Ne croyez pas qu'il suffise de n'en mesurer qu'une et de multiplier par 10 ; non, car si lors de vos recherches, vous avez une erreur de distance, vous devez en trouver la cause par les neutralisations que j'expliquerai plus loin.

Pour la profondeur, on procède aussi comme pour une source, et l'on se place du côté opposé au soleil, c'est-à-dire le dos vers le soleil.

Neutralisation du vide.

Le blanc ne neutralise pas le vide, mais neutralise les influences de profondeur.

Le noir neutralise le vide, mais les influences de profondeur existent.

Le jaune neutralise le vide.

Le blanc et le noir, placés au bord du souterrain, neutralisent et le vide et les influences de profondeur.

Un trou rebouché.

Sur ces bords, on ressent toujours les influences du vide ; seulement ces influences sont négatives ; elles susbsistent indéfiniment quel que soit l'époque où le trou a été rebouché.

Deux souterrains l'un au-dessus de l'autre.

Pour sentir les radiations de celui du dessus, vous placez deux flacons vides à terre, l'un au-dessus de l'autre, séparés par du noir.

— 87

Pour sentir les radiations de celui du dessous, on sépare les flacons avec un disque blanc.

DISQUE NOIR→

FLACON

Sur une galerie privée d'air.

Sur une galerie privée d'air, on rencontre un gaz (oxylithe) pouvant asphyxier. Sur ce gaz, le pendule oscille avec force.

Vous ne pouvez constater l'oxylithe que si la profondeur (soit l'angle des 45°) est atteinte. Alors employez une bouteille avec bouchon émeri ou une ampoule électrique dont on a enlevé le culot. Ces instruments gireront sur l'oxylithe.

LES FAILLES.

La recherche des cassures, ou diaclases, et des failles se détecte par les procédés employés pour les souterrains, sauf que pour celles-ci il faut se rendre compte si elles sont pleines de terre ou vides ; en plus les failles, contrairement aux cavités, radient négativement.

Ces recherches permettront de définir la profondeur, la direction, car il est évident que l'ignorance de tous les accidents géologiques qui sont rarement découverts, constitue pour le géologue une grande difficulté quand il est appelé à déterminer d'avance les courants souterrains ; ici apparaît encore la supériorité du pendule et de la baguette qui, tenue par une main experte, saura définir la position, la longueur, l'inclinaison de la cassure. On cherchera au pendule si l'on est en présence d'une cassure ou diaclase au lieu d'être en présence d'une faille, parce que dans la première nous décèlerons une cassure pleine de terre tandis que dans la seconde une cassure avec vide ou eau.

Pour se rendre compte si la faille est remplie de terre, vous prenez un témoin, argile, dans la main gauche et de la droite vous promenez au-dessus de la faille la bouteille vide avec bouchon de liège. Si elle tourne en sens positif, c'est que l'on est sur une faille remplie de terre ; si, au contraire, elle tourne en sens négatif, c'est que la faille est vide. Prenez alors le témoin eau, afin de voir si l'eau n'y circule pas.

Pour la direction, vous vous reporterez à votre pendule qui, lui, oscillera dans le sens de la faille que vous pourrez suivre tant que le pendule balancera.

L'inclinaison se marquera en recoupant à gauche ou à droite du sens de la faille et en prenant des profondeurs tous les mètres. Vous obtiendrez et la profondeur et l'inclinaison.

Il est prudent, quand on construit, de faire vérifier son terrain par un radiesthésiste, car la faille est nocive et transporte des germes de maladie, soit par contamination de ses eaux, soit par ses radiations. On a constaté maintes fois que les failles envoyaient des radiations cancéreuses. Nous en reparlerons au sujet des radiations nocives.

— 89

Comment rechercher les fuites de canalisations
d'eau ou de gaz.

On recherche d'abord la conduite avec un témoin, plomb, fer, fonte, ciment, grès, etc.

Quand on connaît la nature de la conduite, on recherche son emplacement dans le sol par la loi des semblables et l'on suit la canalisation ; le pendule gire doucement ; au moment où il change brusquement de mouvement, c'est que vous êtes sur une fuite d'eau, si c'est de l'eau qui se trouve dans la conduite, ou éventuellement sur une fuite de gaz.

On se rendra compte des services que peut rendre la baguette ou le pendule dans ces cas, car souvent les fuites de ce genre viennent de loin et c'est à la suite d'un travail laborieux qu'on les trouve.

METHODE POUR LA RECHERCHE D'UN TRESOR.

L'or, le métal jaune, qui a toujours attiré la convoitise des humains, est la chose que rêve de trouver tout débutant. Aussi l'or, plus que tout autre métal, sait se défendre et le radium seul le surpasse.

L'or rayonne d'une façon variable. C'est ainsi qu'on le rencontre par moment à l'est, puis au nord ou à l'ouest. A d'autres moments, ces radiations sont au ras du sol, pour monter en oblique et finalement arriver à la verticale vers le vrai midi. Ce point qui est le seul moment à pouvoir capter convenablement les radiations de l'or, ne dure environ que 15 à 20 minutes.

L'or radie sur tous les métaux qu'il rencontre et c'est

90 —

pour cela que très souvent le chercheur non expérimenté trouve de l'or partout, mais n'en palpe jamais.

La couleur du spectre solaire radiant comme l'or est la couleur jaune pâle ; la série est 11 ; les girations sont toujours positives.

Quand après plusieurs essais répétés, vous avez trouvé un point, vous placez un disque noir sur ce point ; si le pendule continue à tourner et la baguette à avoir des sautes, c'est que vous êtes sur une remanance ou sur une image ; au contraire, si les réactions ne se produisent plus, c'est que l'on est sur une réalité.

Pour savoir la profondeur où il se trouve, on emploie la méthode de profondeur décrite aux sources.

Faites alors le contrôle par la croix de l'or.

Vous plaçant sur le point trouvé, vous laissez girer votre pendule. Quand il a fini de tourner, il marque une ligne A, puis gire à nouveau, puis marque une ligne B. Ces deux lignes se croisent et forment une aile de moulin C.

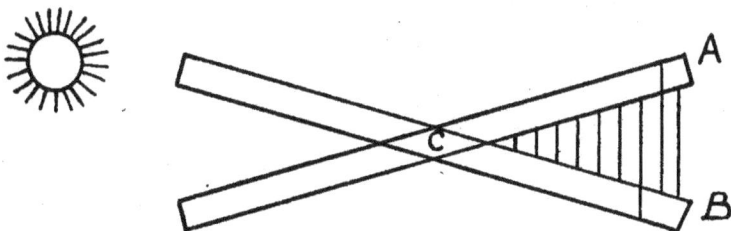

Alors dans une aile côté opposé au soleil, vous regardez le nombre de barres que votre pendule marquera.

Celui-ci oscillera, puis girera, puis oscillera-girera, ainsi de suite tant qu'il ait marqué les 11 girations et les 11 oscil-

— 91

lations qui forment la croix d'or, tout au ras du sol, pour monter en oblique et finalement arriver à la verticale vers le vrai midi. Ce point qui est le seul moment à pouvoir capter les radiations de l'or, ne dure environ que 15 à 20 minutes.

L'or radie également à 240° magnétiques de la boussole.

Un trésor caché dans les murs d'une maison
radie le long du mur.

Quand il est placé dans un mur, on parvient à le trouver en plaçant un fil de cuivre horizontalement contre le mur : on suit le fil au pendule ou à la baguette. Quand ceux-ci marquent un point, on place alors le fil sur ce point à la verticale ; on le suit en remontant de bas en haut ; si l'on ne rencontre pas de réactions, c'est que le trésor se trouve plus bas ; si au contraire un point est indiqué, on est sur le trésor.

Mais supposons que l'on n'ait rien trouvé : on place alors le fil sur le sol et on le parcourt à nouveau ; si l'on trouve un point, ce dernier se trouve dans le sol à la profondeur indiquée entre le pied du mur et le point trouvé.

Si toutefois la distance disponible dans l'immeuble ne permettait pas d'avoir de réaction, il faudrait si possible placer le fil à l'extérieur du bâtiment, en l'attachant au pied du mur et en l'étendant sur le sol ; suivez celui-ci et si le pendule ou la baguette marque un point, c'est que le trésor se trouve dans le sol à cette profondeur.

Si un trésor est caché dans un croisement de mur, il est

impossible de capter ses radiations. C'était d'ailleurs un emplacement préféré des Anciens pour cacher leur trésor, sachant qu'il n'était pas possible de le retrouver.

Vous avez déjà entendu parler des « gattes d'or ». Vous savez à quoi tient cette légende ? Jadis, quand on cachait un trésor, on plaçait celui-ci dans une peau de chèvre, poil à l'intérieur, et le trésor se conservait très bien. C'est pour cela que l'on dit souvent : « Dans ces ruines, il y a une « gatte d'or ».

LES TROUS D'AERATION DES SOUTERRAINS OU GALERIES ROMAINES.

Ces cheminées sont à des profondeurs variables et semblent avoir environ 80 centimètres à un mètre de diamètre. Le sommet en est fermé par une dalle en pierre.

Sur ces cheminées, le pendule ne tourne pas régulièrement, pas plus que le flacon vide. Il gire 3 fois puis oscille en travers très fortement. En général, ces cheminées sont orientées vers l'est.

LES TOMBEAUX EN PIERRE.

Produisent leurs radiations du côté du soleil ou vers le sud, tandis que les tombeaux en ciment les produisent vers le nord ou opposées au soleil.

L'influence des trésors actionne péniblement et doucement baguette ou pendule tandis que sur l'or natif le pendule ou la baguette tournent violemment.

— 93

QUATRIÈME PARTIE

L'AGRICULTURE

La radiesthésie est indispensable aux agriculteurs ou aux agronomes.

Nous savons tous qu'actuellement, pour avoir un bon rendement, le cultivateur emploie des engrais dont la valeur est incontestée, mais dont l'emploi n'est pas toujours fait à bon escient.

Que d'erreurs commises journellement, faute de connaissance approfondie du sol.

Pourquoi ne recherchons-nous pas les arbres, les plantes, les graines qui conviennent le mieux à telle terre ?

Pourquoi ne fortifions-nous pas le sol par les radiations qui circulent à profusion dans l'air ? Telle la zone tellurienne et la zone éthérienne, sans employer exagérément des engrais placés à même le sol, en dépit de toute loi, par routine, par conseil, mais d'aucune façon scientifique ; et c'est pour cela que notre organisme s'en ressent.

Car il est prouvé que nos ruisseaux qui jadis contenaient des écrevisses, en sont totalement dépourvus : les écrevisses ont toutes péri par les engrais chimiques.

Si par hasard on en trouve encore dans certains ruisseaux, c'est que ceux-ci ne passent que dans des bois ou dans des ardoisières.

Ce qui existe pour les animaux existe également pour les humains. Revenons-en le plus possible à une culture raisonnée, saine. Je ne désire nullement m'insurger contre les

— 97

engrais chimiques, mais je combattrai de toutes mes forces les engrais chimiques mal employés.

Supposons que l'on plante des pommes de terre dans une terre argilo-sableuse. Qu'arriverait-il ? Elles viendraient très mal et aucun engrais ne pourrait aider la croissance, tandis que si l'on plante les pommes de terre avec du bon fumier de cheval dans une terre silico-calcaire, on obtiendra des produits de première qualité.

Cultivons seuls les produits qui conviennent à la terre que nous possédons et nous aurons un rendement supérieur d'autant plus que le pendule nous aidera dans le choix de produits sains et forts.

COMMENT ALLONS-NOUS OPERER ?

Nous prenons d'abord un échantillon de terre à environ 50 centimètres de profondeur dans le sol ; nous plaçons cet échantillon sur la planche d'analyse des terres.

L'échantillon étant placé au centre et notre planche orientée au nord, nous faisons tourner la baguette ou le pendule autour de la planche, en allant du nord vers l'est pour les droitiers, et du nord vers l'ouest pour les gauchers. En passant devant l'orientation des radiations de la terre, les instruments, pendule ou baguette, s'impressionnent et marquent la ligne correspondante à la composition de l'échantillon. Exemple : supposons que le pendule s'arrête devant le sud-est ; la planche nous indique que nous sommes en présence d'une terre argilo-calcareuse. A quoi convient-elle le mieux ? Au chanvre, au maïs, à l'orge. Quel est l'engrais naturel qui lui convient le mieux ? Toujours sur la ligne de la planche, nous trouvons : fumier de porcs.

Les engrais chimiques donnent chlorure de sodium, acide nitrique, acide phosphorique, engrais de cornes.

De quoi le terrain est-il déficitaire ? Vous prenez les témoins contenant ces engrais, le pendule ou la baguette tourneront sur le témoin engrais dont le terrain a besoin.

Quelle en est la quantité, la radiation ? Le témoin placé au centre de la planche, vous partez du centre avec le pendule en vous dirigeant vers l'orientation du terrain, soit ici vers le sud-est. Quand le pendule girera, vous mesurez la distance du centre du témoin à l'endroit où le pendule a giré et vous compterez 400 kgs d'engrais par centimètre et ce à l'hectare.

La méthode que je viens de décrire est la même à employer pour toute autre terre ou engrais.

Dans le tableau suivant, d'après M. Mellin ([1]), vous trouverez la façon de faire les mélanges d'engrais sans danger.

Voir feuilles annexes : engrais et planche d'analyse en fin de volume.

DE LA MALADIE DES ARBRES.

On reconnaît la maladie d'un arbre, en partant du pied de celui-ci vers l'est ; à un point déterminé, vous trouvez la plus grande racine ; à droite de celle-ci et à l'extrémité en regardant vers l'arbre, vous trouvez dix séries ou sautes,

([1]) H. Mellin : *Radiesthésie agricole et domestique.*

— 99

4 séries si l'arbre est vigoureux, 3, 2, 1 suivant son état ; le point 1 est équivalent à un arbre très malade et près de périr ; si aucune réaction ne se produit, c'est que l'arbre est mort.

Si l'arbre est malade, nous rechercherons la cause ; en partant du pied de l'arbre vers le sud, vous trouverez son point de guérison.

Exemple : si c'est un excès de chaux (5 girations), vous remuerez la terre au pied de l'arbre et y incorporerez de l'argile (12 girations) et ainsi l'arbre retrouvera sa vigueur perdue.

Si un arbre fruitier est atteint d'un chancre (23 séries), il faut alors fumer fortement, c'est que votre terrain est pauvre ; il faut nettoyer convenablement le chancre, les bords et le centre de la plaie et le recouvrir avec de la térébenthine ou un onguent-greffe dont voici la composition.

Poix noire	500 grammes	
Résine	500	»
Cire jaune	250	»
Saindoux ou chandelle .	250	»
Térébenthine	200	»

Faire fondre le tout ; remuez pour opérer le mélange.

Cet onguent s'emploie tiède et se place au pinceau ou à la spatule en bois.

Mais d'une façon générale, si vous choisissez des arbres qui conviennent au terrain, vous éviterez bien des déboires et surtout des maladies à ceux-ci.

100 —

COMMENT PROCEDER POUR TROUVER DES ARBRES FRUITIERS CONVENANT AU TERRAIN.

Vous prenez un arbre, vous le couchez sur le sol ou, s'il est planté, vous placez votre main gauche contre son tronc ; vous vous placez face au sud, vous présentez le pendule au-dessus du terrain et vous attendez que les radiations l'impressionnent.

S'il gire positivement, c'est qu'il y a lien de sympathie et par conséquent l'arbre conviendra à cette terre. S'il oscille, c'est que l'arbre restera toujours un sujet médiocre. Si le pendule gire négativement, c'est que l'arbre ne sera jamais bon dans ce terrain, sera malade et périra.

Vous opérerez de la même façon pour toutes les plantes et vous aurez un très bon rendement et peu ou pas de déboires.

Vous pouvez également désigner dans les arbres de coupes, les arbres qui ont été gelés partiellement. Vous orientant entre le nord et l'arbre, vous trouvez au pied de l'arbre gelé, jusqu'à une certaine hauteur, les traces laissées par la gelée ; le pendule tournera en sens négatif et donnera 21 séries ou girations.

Vous procéderez de la même façon pour un arbre malade, c'est-à-dire creux ; en vous plaçant entre l'arbre et le sud, tenant en main un témoin de vide, vous pourrez de cette façon localiser toute la hauteur dans le tronc de l'arbre qui ne vous conviendra pas pour le sciage. La radiesthésie sera encore ici d'un grand appoint pour les marchands de bois.

Quand vous verrez des trous ronds dans certains arbres, c'est que ceux-ci sont malades ; nos amis oiseaux (pic-vert)

— 101

se chargent de nous les renseigner en y creusant ces trous pour y manger les vers qui attaquent le cœur de l'arbre.

Un procédé qui donne de très bons résultats, et expérimenté plusieurs fois, consiste à placer dans votre jardin un poteau d'environ 2 mètres de haut ou plus si on le désire, relié au sommet par une série de tiges en cuivre rouge ayant la forme d'un parapluie retourné et relié au sol.

Radiation suivant la longueur des branches.

Les radiations sont proportionnelles à la longueur des branches. C'est ainsi que pour une branche de 50 centi-

mètres, nous aurons une longueur de radiations de 5 mètres de rayon ; 60 centimètres = 6 mètres de rayon, ainsi de suite. Pour un poteau de 3 mètres, vous augmentez vos radiations de 2 mètres de diamètre.

Donc, exemple :

		Rayon
Poteau de 2 mètres :	Branches 0^{m}50 =	5 mètres
	Branches 0^{m}60 =	6 mètres
	Branches 0^{m}70 =	7 mètres
Poteau de 3 mètres :	Branches 0^{m}50 =	6 mètres
	Branches 0^{m}60 =	7 mètres
	Branches 0^{m}70 =	8 mètres
Poteau de 4 mètres :	Branches 0^{m}50 =	7 mètres
	Branches 0^{m}60 =	8 mètres
	Branches 0^{m}70 =	9 mètres

Je conseille fort de ne pas dépasser cette hauteur, afin que votre appareil ne serve pas de paratonnerre.

Vous pouvez également employer un procédé qui malheureusement revient assez cher.

Il consiste en une haie haute d'un mètre, formée de 4 fils de cuivre d'un millimètre de diamètre placés sur isolateur et ce à 20 centimètres l'un de l'autre, et entourant la partie que vous voulez expérimenter. Chaque ligne de fil doit être reliée à la terre.

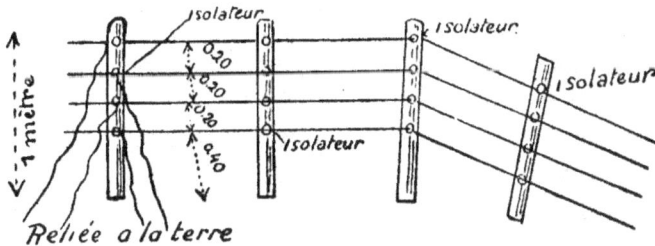

Afin de vous rendre compte de ce que j'avance, faites l'expérience suivante : semez dans deux caisses ou pots à fleurs, ou mieux en pleine terre dans votre jardin, du cresson ; une des deux caisses ou pots à fleurs, ou un des deux emplacements dans le jardin, sera entouré d'une clôture miniature, en gardant les proportions réduites, pouvant aller jusqu'à neuf dixièmes, c'est-à-dire que votre haie aurait alors 10 centimètres de hauteur, les fils espacés de 2 centimètres. La partie entourée par la haie de radiation, sera de beaucoup plus belle que l'autre, quoique étant placée dans le même endroit, dans la même terre, avec les mêmes semences, et la preuve sera faite.

— 103

Quand vous cultiverez en grand, vous remarquerez que toutes les plantes qui se trouveront dans le rayonnement des radiations captées par ce procédé, seront de beaucoup plus belles, plus fortes et plus hâtives que celles qui en sont écartées et cependant dans le même terrain.

Certains arbres radient comme l'or, le prunier, le sapin (pin) (et le fumier) ; mais la série de ceux-ci est de 10, tandis que pour l'or la série est de 11.

LA SEMENCE CONVIENT-ELLE AU TERRAIN ?

Ayant un échantillon de semence et l'expérimentant au pendule, si celui-ci tourne positivement sur la semence, il devra tourner positivement sur le terrain ; il fait syntonisation. Si non, la récolte ne sera pas bonne. Le même procédé sera employé pour les plantes à repiquer.

LA SEMENCE EST-ELLE DE BONNE QUALITE ?

Le pendule tournera positivement sur une semence de bonne qualité ; il oscillera sur une semence médiocre ; il girera négativement sur une semence de mauvaise qualité.

COMMENT MESURER LA HAUTEUR D'UN ARBRE PAR LA RADIESTHESIE ?

Partir du pied de l'arbre à gauche ou à droite du rayon solaire. Prenons un exemple : le soleil étant à midi au sud, vous partirez du pied de l'arbre vers l'ouest ou l'est, pendule ou baguette en main, jusqu'au moment où vous obtenez une saute de baguette ou une giration du pendule qui vous indiqueront la hauteur de l'arbre ; car la longueur trouvée entre le pied de l'arbre et le point trouvé est égale à la hauteur de l'arbre.

POUR LA RECHERCHE DES SEMENCES.

Avec un pendule jaune clair, le pendule gire sur une semence vigoureuse et reste immobile sur une semence malade.

Un pendule gris ne donne aucune réaction sur des semences mortes ; par contre, il gire si elles possèdent encore une vertu germinative.

DES RADIATIONS DES PLANTES.

Les plantes et légumes ayant des radiations bienfaisantes sur l'organisme sont les suivantes : le radis, le myosotis, le mimosa, le geranium, l'oignon, le souci, l'orge, le zinnia, le tilleul, l'aconit, l'énothère, le cosmos, le dahlia, la fougère, le cassis, le poirier, le saule pleureur, la rhubarbe, etc...

Parmi les autres plantes, nous en avons de plus néfastes les unes que les autres. C'est ainsi que les pâquerettes mises en bouquet dans notre chambre peuvent provoquer des éruptions cutanées. Les iris, les glaïeuls, les tulipes, et en général les plantes à oignons (à part celles citées plus haut), créent une atmosphère de malaise, de lourdeur.

A. Mellin, lui, va même plus loin ; il déclare que l'orchidée, la plante si recherchée, détruit l'affection et l'amour ; par contre, le jasmin les engendre et la rose les renforce.

— 105

Les œillets excitent les passions charnelles, tandis que les nénuphars les annulent, en supprimant tout désir.

La violette incite aux perversions et l'aristoloche rend cruel et méchant.

Et voilà comment, dans une recherche de fleurs, vous pouvez créer une ambiance de radio-activité, ou une ambiance de non-radio-activité et donc plutôt néfaste.

CINQUIÈME PARTIE

DE LA PROSPECTION DES ANIMAUX

Comme dans tant d'autres branches, la prospection des animaux par la radiesthésie rendra des services appréciables, dans ce sens qu'il sera possible de déterminer si un animal est malade, bien portant, son degré de vitalité, s'il sera bon reproducteur, son sexe, même avant sa naissance.

Comme l'homme et les minerais, les animaux produisent des radiations qui leur sont propres et caractéristiques du genre, de l'espèce, du sexe de chacun.

On recherchera le sexe d'un animal par une ligne d'influence au sommet de la tête, qui se traduit par une giration pour les mâles, et une oscillation pour les femelles ; toutefois, pour vous assurer de l'exactitude de votre diagnostic, il suffit de reprendre l'expérience suivante :

Plaçant l'animal entre le soleil et vous, ou entre une source lumineuse et vous, vous prospectez l'animal au pendule. Vous trouverez pour un mâle, à hauteur de l'épaule, une giration positive ; à hauteur des hanches, c'est-à-dire aux pattes arrière, vous trouverez une giration négative ; tandis que, pour la femelle, vous trouverez à l'épaule une oscillation négative, c'est-à-dire perpendiculaire à l'épaule ; et à la hanche, vous aurez encore une oscillation négative.

Pour les oiseaux, vous procéderez de la même manière : donc à la naissance des ailes et à la naissance de la queue.

Si vous recherchez le sexe à naître, connaissant les radiations de la femelle qui se marquent d'abord, le pendule s'arrête, puis recommence à s'influencer et marquera le sexe à naître, soit par une giration pour un mâle et une oscillation pour une femelle ; si toutefois le pendule continuait à se remettre en mouvement, il pourrait vraisemblablement vous marquer le sexe du second ou du troisième animal à naître.

Recommencez plusieurs fois l'expérience.

DE LA MALADIE DES ANIMAUX.

Prenons la série vitalité d'un animal : elle est de 7 à 15 pour un animal normal et sain.

La série 16 indique la stérilité chez l'animal.

La série de 16 à 22 indique un animal malade ; légèrement malade de 16 à 18 ; assez malade de 18 à 20 ; très malade de 20 à 22.

La série mort est de 57.

Pour soigner les maladies d'un animal, il faut recourir aux remèdes par syntonisation ; mais je vous donnerai tout de même ici le moyen de reconnaître certaine maladie.

Promenons notre pendule sur l'animal malade et supposons que ce soit sur un mâle ; le pendule, par radiation du sexe, girera positivement ; si, à un certain moment, il change de radiation, c'est que vous vous trouvez sur un point malade de l'animal.

A ce moment vous rechercherez sur plan anatomique l'endroit malade et ce au moyen d'une pointe de fer, un crayon tenu dans la main gauche et parcourant la planche, tandis que de la main droite le pendule vous donnera l'indication de la partie malade en girant positivement au sexe.

Pour moi-même, dans l'auscultation d'un animal malade,

mâle et femelle, mon pendule se conduit de la façon suivante et je m'en trouve fort bien ; dans la recherche mon pendule oscille ; s'il se met à girer, c'est que je suis en présence d'un endroit malade ; je laisse à votre appréciation la méthode que vous désirez adopter.

Si après avoir examiné un animal malade, votre pendule ayant tourné positivement, vous prenez du fer en main et que le pendule se mette à tourner négativement, c'est que vous vous trouvez en présence de vers, cause de la maladie.

Au mouton, on remarquera que celui-ci a le piétain, c'est-à-dire une infection de la corne de ses sabots : à l'odeur ; ensuite le mouton boitera, la patte sera chaude ; le pendule marquera 38 girations ou séries.

Vous le soignerez de la façon suivante : vous coucherez l'animal sur le sol en lui liant les pattes ; vous couperez la corne au moyen d'un couteau coupant très bien, jusqu'au moment où vous rencontrerez le pus, que vous nettoierez convenablement ; vous mettrez alors une compresse imbibée de coaltar saponiné Lebœuf.

Vous envelopperez fortement le sabot ; deux à trois jours suffisent pour que la guérison soit complète.

DE LA MALADIE DES OISEAUX DE BASSE-COUR.

Un point essentiel, dans une basse-cour, est d'éviter la contagion ; et il faut à tout prix veiller à ce que des maladies comme la diphtérie ne fassent pas de ravages.

La diphtérie donne 14 séries ou girations et se reconnaît très facilement parce que l'oiseau éternue et bâille, projette les excréments sortant des muqueuses nasales dans les boissons et les aliments, ce qui est cause de contamination.

Pour guérir la diphtérie, il faut beaucoup de soins : séquestrer l'oiseau dans une chambre spéciale où l'on fera des fumigations au goudron en bouchant convenablement les ouvertures ; mettre l'oiseau à la diète pendant deux ou trois jours. On arrive par ce procédé à le guérir de cette terrible maladie.

Vous examinerez convenablement le sujet au pendule avant de le laisser retourner au poulailler. Je dois dire que plusieurs aviculteurs tuent et brûlent leurs sujets atteints, préférant ne pas les soigner, craignant de transporter sur eux le germe de la maladie. Un oiseau guéri est immunisé contre celle-ci.

Je vous citerai d'une façon générale les maladies des oiseaux de basse-cour, et ne donnerai pas ici les moyens de les soigner, car ce livre n'y suffirait pas. Pour vous renseigner, il existe suffisamment d'auteurs traitant cette branche et étant mieux que moi à même de vous documenter. Les cas que je viens de citer, je les ai moi-même soignés et guéris ; c'est pour cela que j'en parle.

Voici la liste des maladies que l'on rencontre le plus souvent et que vous pourrez rechercher par rayon mental.

Diphtérie.	Tuberculose.
Baillement.	Entérite vermineuse.
Diarrhée.	Typhose aviaire.
Piccage.	Renversement du rectum.
Obstruction du jabot.	Gonflement des pattes.
Perte aviaire.	Bronchite.
Rhumatisme.	Hydropisie.
Avalure.	Jaunisse.
Coryza des poules.	Maladie du foie.
Inflammation.	Faiblesse des pattes.
Arthrite.	Péritonite.
Parasites des poules.	Pleurésie..
Goutte.	Empoisonnements.

RECHERCHE DU SEXE DANS LES ŒUFS.

La première précaution à prendre dans la recherche du sexe dans les œufs, est de nettoyer la coquille convenablement.

L'influence de l'œuf mâle est positive et donne autour de l'œuf 11 girations (fig. 1).

L'œuf mâle est plus pointu que l'œuf femelle.

Pour l'œuf femelle, vous aurez 10 girations négatives autour de l'œuf (fig. 2).

L'œuf infécondé (stérile) ne produit aucune influence.

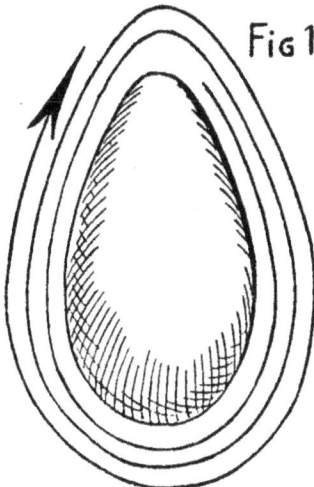

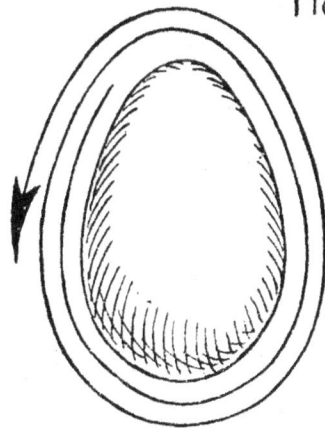

Fig. 1.
Œuf mâle
11 girations positives.

Fig. 2.
Œuf femelle
10 girations négatives.

Autre méthode pour reconnaître si un œuf est fécondé

Placez votre œuf dans le sens magnétique nord-sud ; l'opérateur, lui, se placera face à l'*ouest* s'il est droitier, ou face à l'*est* s'il est gaucher.

— 113

Vous faites osciller votre pendule au-dessus de l'œuf ; si le pendule gire à droite, donc positif, c'est pour un coquelet.

Si au contraire il gire à gauche, sens négatif, ce sera une poulette.

Si toutefois le pendule continue à osciller sans girer, vous êtes en présence d'un œuf clair infécondé.

Comment se rendre compte de la qualité d'un œuf ?

Si la main qui doit tenir l'œuf est positive, que vous placiez un œuf dessus et qu'il tourne positivement, c'est qu'il est bon. Si non, il n'est pas comestible.

Par contre, si la main qui doit tenir l'œuf est négative, les radiations seront renversées.

Placez un carré de papier blanc renouvelé à chaque œuf et au-dessous de ceux-ci.

Après chaque opération, ayez soin de désimprégner le pendule des radiations en le mettant à terre ou en le passant dans l'aimant.

Si vous ne vous autosuggestionnez pas, vous obtiendrez un succès pouvant atteindre aisément 85 %.

POUR RECONNAITRE LE SEXE D'OISEAUX JEUNES.

Avez-vous déjà essayé de reconnaître le couple, c'est-à-dire le mâle ou la femelle dans les oies et dans les pigeons ? Il faut attendre souvent trois à quatre mois avant de connaître le sexe, et encore !

Le pendule vous aidera, vous fera gagner du temps, car lui désignera sans erreur le sexe.

114 —

Il se reconnaîtra pour les oiseaux de cette façon : le pendule girera sur la tête et la queue du mâle ; le pendule girera sur la tête et oscillera sur la queue de la femelle.

Connaissant le sexe, nous allons examiner la meilleure méthode pour reconnaître un bon pigeon voyageur.

COMMENT RECONNAIT-ON LES QUALITES D'UN PIGEON VOYAGEUR ?

Ayant examiné le pigeon au point de vue santé, celui qui doit retenir l'attention du sélectionneur doit donner comme série de 7 à 15 ; et plus la radiation sera près de 15, chiffre idéal, meilleur il sera.

Ainsi nous aurons : idéal, 15 ; bon, 14, assez bon, 13.

La série 16 donne la stérilité.

Par contre, prenant la longueur d'onde du pigeon, vous rencontrez la première longueur d'onde à 9 mètres, la seconde à 12 mètres, la troisième à 13 mètres. Plus les radiations se manifesteront dans un petit espace, meilleur le pigeon sera pour le voyage. Exemple : première giration à 9 mètres, deuxième à 9^{m}50, troisième à 10 mètres ; vous aurez un sujet hors classe et de première force.

9, 10, 11 mètres donnent un très bon sujet ; 9, 10,50 et 12 donnent un bon sujet ; 9, 12, 13 donnent un sujet normal.

Hors de ces radiations, vous ne devez rien espérer comme résultat.

Vous pouvez employer le même procédé pour tous les oiseaux.

Pour reconnaître un bon reproducteur.

Pour reconnaître un bon reproducteur dans les chevaux, bovins, moutons, porcs, etc., vous prenez les radiations en prenant comme point de départ le milieu de l'épine dorsale ; plus l'angle est ouvert en se dirigeant vers l'épaule et la hanche de l'animal, meilleur reproducteur sera-t-il.

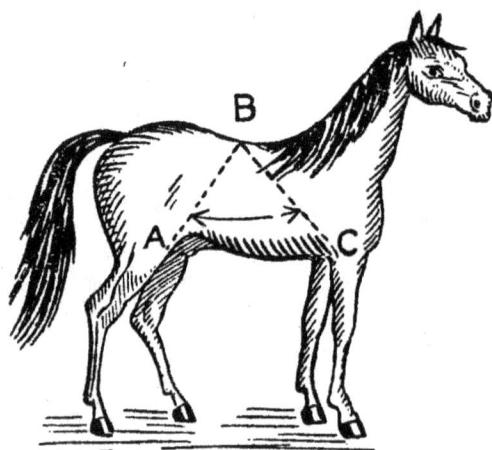

C-B ligne oblique de l'épaule au centre de l'épine dorsale.

A-B ligne oblique de la hanche au centre de l'épine dorsale.

A et C distance entre l'épaule et la hanche. Plus la distance est grande, meilleur est le reproducteur.

POUR RECONNAITRE UNE BONNE VACHE LAITIERE.

Les radiations se manifestent pour les vaches et chèvres, entre le ventre et l'épaule ; ces radiations sont négatives et sont au nombre de 6 maximum.

Première ligne : mauvaise ; deuxième ligne : normale ; troisième et quatrième lignes : bonne ; cinquième ligne : très bonne ; sixième ligne : extra.

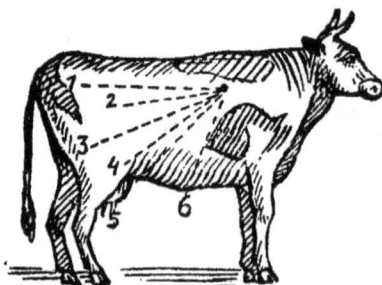

116 —

SIXIÈME PARTIE

MINÉRALOGIE

Les minerais.

ETUDES PREPARATOIRES AUX RECHERCHES.

Comme nous avons déjà expliqué que tout corps radiait suivant un angle qui lui était propre, une série ou des couleurs, nous allons, par tous les procédés mis à notre disposition par la radiesthésie, en faire une étude approfondie.

Lors d'une recherche minéralogique, le travail du début sera l'identification des minerais à chercher.

Nous chercherons la polarité ; si le pendule gire dans le sens des aiguilles d'une montre, il sera positif ; s'il gire contrairement aux aiguilles d'une montre, il sera négatif.

Connaissant la polarisation, nous nous servirons, lors de nos prospections, de témoins (lois des semblables). En plus chaque minerai a son spectre que je définirai dans chaque cas.

DE LA CONSTRUCTION DES MINERAIS.

Généralement on trouve les minerais en filons ; ceux-ci peuvent être continus ou discontinus.

Nous aurons le *toit*, c'est-à-dire la partie supérieure ;

Le *mur* : la partie inférieure ou base du filon ;

La *puissance* du filon : hauteur entre le toit et le mur ;

Le *pendage* : l'inclinaison du filon sur la verticale.

— 119

Si, lors d'une recherche, vous trouvez une radiation très riche, telle que pour l'or, le filon sera de première catégorie, car sa richesse sera surtout en surface. Si les radiations se marquent plus dans le mur, nous aurons des filons de deuxième catégorie, c'est-à-dire très riches dans la partie inférieure. Vous pouvez trouver des filons riches dans la première et la deuxième catégories en même temps, par exemple un filon de zinc.

LE DOSAGE.

Quand vous voulez trouver le dosage d'un minerai, vous employez la méthode suivante :

Le filon étant trouvé, vous placez un métal semblable à un mètre du milieu du toit. Le témoin attire son semblable, on mesure la largeur de l'influence, on la compare à la moyenne des deux puissances dont on évalue la proportion, c'est-à-dire :

Si nous obtenons une influence de 1 centimètre pour 100 grammes, nous aurons 10 centimètres pour 1 kg.

> 1 mètre pour 10 kgs.
> 10 mètres pour 100 kgs.
> 100 mètres pour 1.000 kgs et ainsi de suite.

Il est bon de prendre de distance en distance des points sur le filon, afin de connaître approximativement sa valeur.

Schéma pour trouver la profondeur d'un minerai.

Bien remarquer que vous trouverez des deux côtés du

120 —

toit les radiations des 45°. Seulement elles n'auront pas la
même distance, car l'une est relative à la radiation supérieure, tandis que l'autre est relative à la radiation inférieure
qui, elle, sera toujours du côté du soleil.

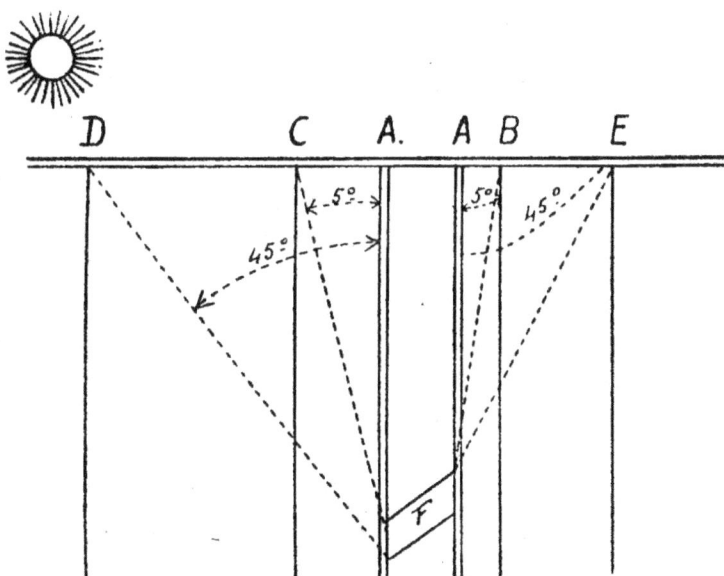

A   Bord du toit.
C   Bord des 5° inférieur.
D   Bord des 45° inférieur.
B   Bord des 5° supérieur.
E   Bord des 45° supérieur.
F   Filon.

— 121

Pour la profondeur.

Pour l'argent, le plomb, l'étain, le gypse, le platine, l'antimoine et le pétrole, il faut multiplier par 6 les puissances trouvées pour avoir la vraie profondeur.

Le spath fluor se multiplie par 4.

Le cuivre se multiplie par 8.

L'or et la craie se multiplient par 10.

Par contre, pour le sel, il faut diviser par 2.

Quand vous avez trouvé sur un filon l'angle des 45°, si votre pendule tourne positivement sur le point des 45° et donne 10 girations, vous êtes sur une onde électrique et par conséquent vraie ; si au contraire votre pendule ne fait que 5 girations, vous êtes sur une onde magnétique et rencontrez un obstacle qui empêche de trouver exactement la profondeur. Nous nous servirons alors des disques pour les influences (voir plus loin). Les 5 girations tournent suivant la polarité du métal recherché, soit négatif ou positif, tandis que les 10 girations sont toujours positives.

Un filon peut atteindre soit en verticale soit en inclinaison une profondeur de 2.000 mètres et plus.

RADIATION D'UN FILON.

Un filon radie de la façon suivante, vous sentez ses influences ; il est naturellement nécessaire d'avoir en main un témoin.

122 —

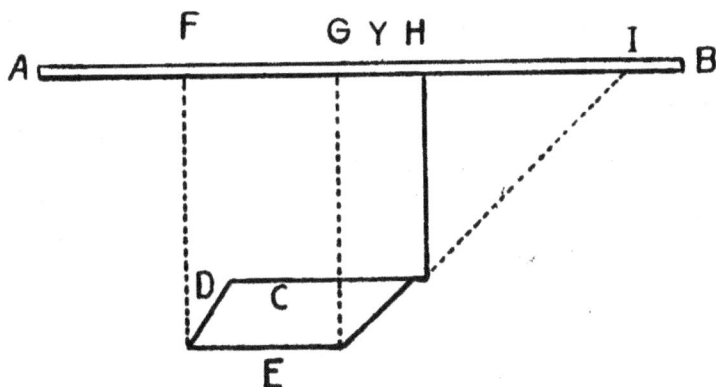

A et B   sol.

C   filon.

D   puissance supérieure.

E   puissance inférieure.

Entre F et G   partie inférieure du filon.

H   ligne magnétique radiant la même polarité que le
métal.

I   ligne électrique ; quelle que soit la polarité du
métal, elle radie toujours positivement.

Entre H et I   vous trouvez la partie supérieure du
filon.

Entre G-H   vous trouvez le pendage.

Y   toit du filon.

Donc, en mesurant la distance entre H et I, vous trouverez la puissance de la partie du fiilon supérieure ; en
mesurant la distance entre F et G, vous trouverez la
puissance inférieure ; entre G et H, nous aurons le point
toit à Y.

La plus grande profondeur du filon est du côté du

pendage E, après le point trouvé F. En continuant vers la gauche vous trouvez le tonnage qui est de 3 centimètres par 1.000 kgs.

Quand nous nous trouvons au-dessus de filons superposés, nous séparons les couches comme pour l'eau.

Si toutefois les filons superposés sont de même matière, le pendule ou la baguette les sentiront comme un seul filon, mais tourneront difficilement.

Ne faites pas de recherches métalliques :

1° Par temps de neige ; les recherches sont impossibles sauf pour la profondeur qui, elle, se marque d'une façon absolue ;

2° Par temps d'orage ;

3° Par grand vent.

DE LA DEVIATION DES INFLUENCES.

Employez toujours un fil métallique. Il dévie les influences. L'aimant, le soufre, les couleurs, comme pour l'eau, et les couleurs propres aux minerais dont je citerai chaque couleur à chaque cas.

FORMATION D'UN FILON.

Presque tous les filons ont un chapeau de fer ; les radiations de ce chapeau radient à côté du filon, du côté opposé au soleil.

TERRAINS A TRAVERSER.

Vous emploierez pour la recherche des terrains la même méthode que pour la recherche de l'eau.

124 —

Dans l'évaluation d'une profondeur d'un sondage en cours, il suffit de compter les mètres en partant du bord, fil déviateur à terre et en vous dirigeant vers l'est ou l'ouest ; le point vous indiquera la profondeur obtenue et ce qu'il reste à creuser, par la différence entre ce point et les 45° déjà trouvés ou connus.

ASSOCIATION DE QUELQUES MINERAIS.

Avec la galine et la blende, on retrouve : de la pyrite de fer, quartz, calcite, baryte, fluorine.

On retrouve :

Le pyrite de cuivre, avec pyrite de fer, galène, blende, quartz, calcite, barytine.

L'or est associé avec pyrite, mispickel, galène, blende, pyrite de cuivre, quartz, calcite, tellure, cuivre gris.

La cassitérite avec pyrite, mispickel, wolfram, molybdenite, quartz, topaze, zircon, mica blanc, émeraude.

La magnetite avec fer, chrome, platine, amphibole, pyroxène, chlorite.

Le diamant avec magnetite, oligiste, nortite, fer, titane, pyrite, quartz, rutel, zircon, topaze, tourmaline, spinellis.

Le cinabre avec pyrite de fer, cuivre gris, quartz, calcite, barytine.

Vous trouverez ici les renseignements nécessaires pour vous procurer les témoins indispensables pour la classification des minerais associés.

— 125

METHODE PRATIQUE DE LA RECHERCHE
D'UN MINERAI D'OR.

Ayant repéré un filon par témoins, vous en recherchez la valeur, car pour que l'or natif soit exploitable, il faut de 8 à 10 grammes d'or à la tonne, dans une roche ; en plus, 75 % de la production d'or vient de minerai où l'or est invisible. Ces minerais natifs proviennent de pyrites aurifères dont la pyrite a été éliminée.

Vous trouverez des minerais donnant l'impression d'une très grande richesse ; ils se trouvent souvent à de très grandes profondeurs.

On reconnaîtra très souvent des traces d'or dans des roches acides, ou englobé dans des quartz pyriteux, granulites ; on le rencontre souvent associé à l'étain, au cuivre, à l'arsenic.

On trouve l'or également en association avec le mercure dans des roches volcaniques. C'est surtout par des phénomènes d'érosion que les soubassements de roches granitées sont mis à jour et contiennent souvent de grandes quantités de pyrite ; d'autres ont de trop faibles valeurs en grammes ou centigrammes et ne sont pas exploitables.

C'est ainsi qu'ici en Belgique, dans les Ardennes et sur l'Amblève, j'ai pu relever les points d'or encaissés dans des calcaires et produits par voie hydrotermique qui, après analyse, donnaient jusque 1 gr. 8, ce qui évidemment est beaucoup trop peu. Par contre, dans l'Amblève, on trouve encore parfois des alluvions. On en a déjà trouvé sous le pont d'Aywaille.

En Europe, certains massifs primaires, siluriens, carbonifériens, présentent des gisements aurifères en relation

126 —

avec de la granulite ; l'or y est souvent associé à l'étain, rarement au cuivre ou au mispickel.

En France, les mines de la Lucette (Mayenne) exploitent un filon de stibine avec mispickel et or ; on trouve l'or spécialement dans le mispickel.

En général les minerais d'or en association avec le cuivre sont difficiles à traiter, étant une gêne dans le traitement par la cyanuration.

Dans les gisements du Transvaal, dans le Witwatersrand, les couches aurifères étant inclinées à très grandes profondeurs, on a creusé des puits qui atteignent 2.000 mètres de profondeur.

Je pourrais vous donner une étude très détaillée de toute la formation des couches aurifères, mais je crois que je sortirais du cadre que je me suis imposé dans ce livre et je me bornerai simplement à expliquer les méthodes empiriques permettant de désigner tel ou tel filon, sa profondeur, sa valeur.

Recherche de l'or.

L'or étant négatif, étant repéré par témoin, par la série 11 girations négatives ou positives suivant les bords (voir plus loin), vous recherchez la radiation par le procédé renseigné page 123 ; connaissant la valeur, vous recherchez la profondeur par le procédé page 121. Vous vous placez alors sur le point des 45° et vous vérifiez si vous êtes sur une onde électrique, 10 girations. Si, au contraire, vous avez 5 girations, vous êtes sur une onde magnétique et vous n'avez pas la profondeur exacte. Je vous rappellerai que les 10 girations *sont toujours positives, tandis que les 5 girations tournent, elles, suivant la polarité du métal.*

— 127

Pour dévier les influences, vous placez des disques blancs.

Vous tracez alors à terre la croix d'or, les deux ailes dont la ligne du cadre 1 fera face au soleil.

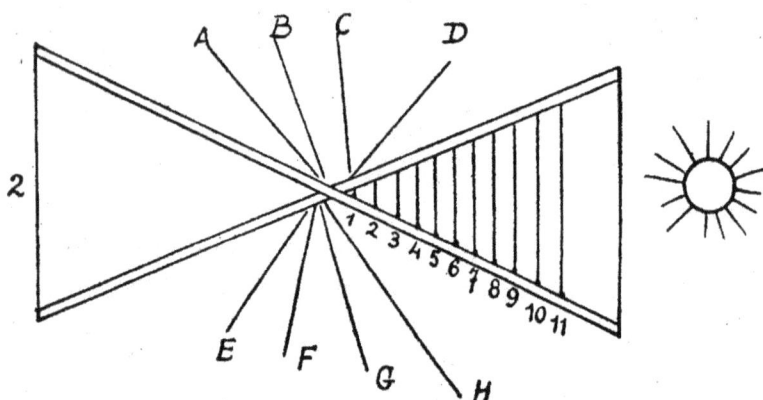

1, ligne de cadre côté soleil.
De 1 à 11, 11 barres ou girations, radiations de l'or,
ces rayons sont négatifs.

Quand il y a d'autres minerais associés, le minerai négatif le plus important se marque à droite du moulin E - F - G - H tandis que les positifs se marquent à gauche A - B - C - D et ce par la radiation la plus forte du minerai qui se marquera la première, puis la deuxième moins forte, ainsi de suite. On définira la nature par la série et par les témoins. Les 11 barres ou girations représentent la série exacte de l'or.

128 —

Neutralisation.

Le spectre de l'or est de 5 oscillations dans la direction du rouge.

Le blanc ne neutralise pas l'or.

Le noir le neutralise.

Nous rappellerons qu'à presque tous les toits de filons, on rencontre du fer que l'on appelle chapeau de fer ou toit. Ils ont une épaisseur variable de 50 centimètres à 2 mètres.

LE CUIVRE.

Se recherche comme l'or, en profondeur, en quantité ; sa radiation est négative, son spectre est de 3 girations négatives sur le rouge.

Le minerai de cuivre radie en croix comme pour l'or ; seulement les deux montants sont négatifs et positifs ; en plus, le cuivre donne 4 girations dont la première est positives et les trois autres négatives.

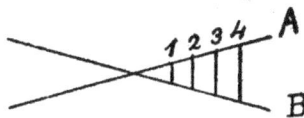

A   *montant négatif.*
B   *montant positif.*
   1   *Giration positive.*
2, 3, 4   *Girations négatives.*

L'ARGENT.

L'argent radie comme le cuivre.

Le spectre comprend 9 séries négatives dans le violet.

— 129

En traçant la croix, les girations sont au nombre de 9, dont 5 négatives et 4 positives.

Lorsqu'un gisement renferme plusieurs minerais associés à l'argent, celui-ci radie le premier, à moins que sa quantité soit infime.

L'argent s'associe au soufre et forme l'argyrose (argent sulfuré) ; mélangé au sulfure de fer, de cuivre et d'antimoine, il forme l'argent polybosite.

LE ZINC.

Le spectre du zinc est de 6 girations négatives dans le rouge.

La croix donnera une giration positive, trois girations négatives et deux girations positives.

LE PLOMB.

La série du plomb est 10.

Le plomb n'a pas de spectre. Il est le minerai qui radie le moins.

Il ne donne aucune radiation en forêt.

Si l'on place sur un gisement un disque noir, les influences normales qui étaient négatives deviennent positives.

L'ANTIMOINE.

Le spectre de l'antimoine : une giration positive dans le rouge, trois girations positives dans le violet.

La croix donne une giration positive, une négative, une positive.

L'ETAIN.

Le spectre de l'étain : une giration négative dans le rouge.

La croix au nombre de 5 girations ; les première, troisième et cinquième barres sont positives ; les deuxième et quatrième sont négatives.

LE MANGANESE.

Le spectre du manganèse : deux girations positives dans le rouge et quatre positives dans le violet.

La croix donne deux girations : une positive et l'autre négative.

LE FER.

Minerai positif.

Son spectre est de deux girations positives dans le violet, une giration positive dans le rouge.

La croix donne 6 girations dont 1, 3, 5 positives et 2, 4, 6 négatives.

LE NICKEL.

Le spectre du nickel : une giration positive dans le rouge et quatre positives dans le violet.

La croix : deux girations négatives et une positive.

— 131

LA HOUILLE.

Etant à Liége dans un bassin houiller où vous pouvez expérimenter la méthode, je m'étendrai un peu plus en explications concernant la recherche de ce minerai.

On trouve la houille en différents endroits, parfois profondément, parfois à même le sol.

Le moment le plus favorable de la journée dans la recherche de la houille est entre 10 et 14 heures.

Je recommande, lors de la recherche du charbon, d'employer un bon témoin, charbon, ou mieux un pendule en charbon.

Opérez en vous orientant en sens est-ouest ou ouest-est et si possible par temps couvert et calme, car les radiations de la houille vacillent fortement par l'action du vent.

Les recherches en été seront plus facilement couronnées de succès, car les radiations solaires sont plus droites et par conséquent plus faciles à détecter.

DE LA PROFONDEUR.

Pour rechercher la profondeur, vous employez la méthode des 5 degrés et 45 degrés, mais la méthode des 5 degrés est préférable, car, dans beaucoup de cas, l'espace ne vous permettra pas d'employer la méthode des 45 degrés.

Sitôt la profondeur du premier gisement trouvée, vous placez à terre des disques noirs et blancs alternés, pour supprimer les influences, et vous recommencez la recherche

132 —

à nouveau des 5 degrés et ce en partant toujours du premier point trouvé des 5 degrés.

A un point déterminé, votre pendule ou votre baguette marquera un endroit qui sera, lui, les 5 degrés de la deuxième couche ; vous y placez aussi des disques, puis de ce point, vous recommencerez la recherche de la troisième couche, et ainsi de suite.

Si toutefois la place vous manquait, vous pouvez toujours repartir dans un autre sens et ce alors, du centre de l'emplacement du minerai en ayant soin de laisser les disques en place sur les autres profondeurs déjà trouvées.

Vous trouverez également la largeur du gisement par le même procédé.

Chaque fois que vous aurez obtenu 5 degrés, la profondeur réelle étant 45 degrés, vous multipliez le chiffre obtenu des 5 degrés par 9. Supposons la première profondeur à 6 mètres, nous aurons $6 \times 9 = 54$ mètres ; la deuxième profondeur à 14 mètres, nous aurons $14 \times 9 = 126$ mètres, et ainsi de suite. Evidemment les couches peuvent être plus rapprochées ou plus éloignées les unes des autres, mais vous trouverez toutes les couches les unes après les autres, si profondes soient-elles.

Je ne saurais trop conseiller de se servir de neutralisateurs, car nous pouvons tout rencontrer et principalement de l'eau. N'oublions pas que ni l'épaisseur ni la profondeur d'une couche ne sont constantes et il nous faudra prendre les 5 degrés à différents endroits.

— 133

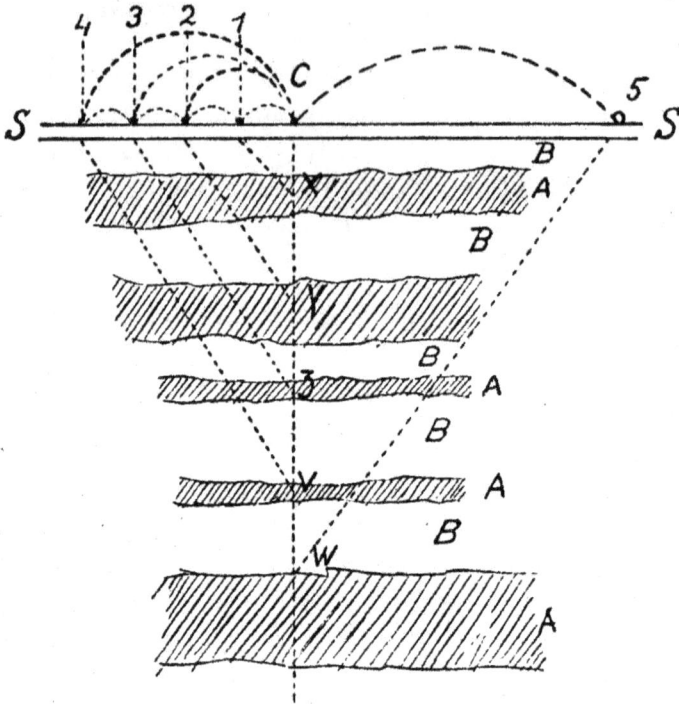

Vue de coupe.

A Couches de houille.   C Centre du gisement.
B Terrains intermédiaires.   S Sol.

1 - x : 1re ligne de 5 degrés ou profondeur de la 1re couche.
2 - y : 2me ligne de 5 degrés ou profondeur de la 2me couche.
3 - z : 3me ligne de 5 degrés ou profondeur de la 3me couche.
4 - v : 4me ligne de 5 degrés ou profondeur de la 4me couche.
5 - w : 5me ligne de 5 degrés ou profondeur de la 5me couche.

Vue de plan.

A Centre du gisement.

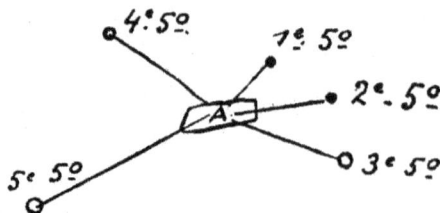

134 —

ANALYSE.

Vous pouvez faire une analyse sommaire de la qualité par l'analyse des gaz contenus dans le charbon.

Un bon charbon contient ordinairement : carbone, 55 % ; oxygène, de 4 à 14 % ; hydrogène, de 4 à 6 % ; ammoniaque, 5 % ; azote, de 1 à 2,80 %.

Dans une analyse de charbon, nous avons trouvé :

1. Du soufre : 5 girations positives.

2. Du carbone : 37 girations positives.

3. De l'azote : 35 girations négatives.

4. Du fer : 3 girations positives.

5. Du gaz méthane : 40 girations négatives.

6. Du gaz éthane : 32 girations négatives.

7. De l'ammoniaque : 35 *oscillations*.

A la fin de l'analyse, vous trouvez une radiation électrique de 10 girations positives ; si l'analyse est mauvaise, vous aurez 5 girations négatives ou positives suivant la radiation propre du corps recherché ; dans le cas de la houille, la radiation sera positive.

Par la méthode de recherche de la profondeur des couches carbonifères, vous pouvez repérer, sur une mine exploitée, les galeries souterraines ; seulement vous emploierez les flacons vides et vous les superposerez (après chaque galerie) l'un sur l'autre, chaque fois séparés par un disque noir.

Dans une galerie de charbonnage, quand se produit une

— 135

cassure géologique, vous pouvez immédiatement trouver au moyen de la baguette la direction de la cassure et vous déterminerez si celle-ci se trouve au-dessus ou en dessous de la galerie.

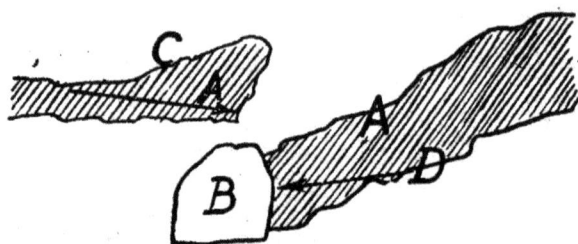

S   Sol.
A   Couche de houille.
B   Galerie d'exploitation.
D   Couche exploitée.
C   Couche de cassure située au-dessus de la galerie.

Vous déterminerez également les poches d'eau, de gaz, grisou. A ce point de vue, la baguette et le pendule sont les auxiliaires précieux pour les charbonnages.

Le pétrole.

SA FORMATION.

On trouve le pétrole en couche, souvent près de gisements de sel, gypse, potasse et charbon. Il est rarement en poche, jamais en lac, bien qu'on le croie parfois.

136 —

Le pétrole est d'origine ligneuse, ainsi que la houille, et c'est pourquoi les épicéas et sapins ont le même spectre que le pétrole, c'est-à-dire deux girations positives dans le violet.

Le pétrole rectifié a   2 girations.
Le pétrole brut   a 22 girations.
Le bon pétrole   a 25 girations.

Le pétrole à 25 girations serait vraisemblablement produit par la houille, tel celui de Bakou, tandis que le pétrole à 22 girations serait produit par de l'anthracite ou le lignite.

Comme pour l'eau, nous déterminerons les profondeurs et terrains à traverser.

Pour être certain que l'on se trouve sur du pétrole, prendre un pendule ou flacon rempli de pétrole brut, celui-ci tournera doucement en donnant l'impression de tourner dans un bain d'huile.

Faites le contrôle la nuit au clair de lune, lumière favorable aux recherches de pétrole.

Même méthode de profondeur que pour la houille.

La radio-activité des métaux.

L'ordre de leur force s'établit d'après le tableau suivant (¹) :

(¹) De Padey : *Secret de la Baguette et du Pendule.*

— **137**

1. Radium.
2. Gadolinium.
3. Uranium.
4. Actitium.
5. Thorium.
6. Etain.
7. Xénon.
8. Cadmium.
9. Holmium.
10. Paladium.
11. Titane.
12. Europium.
13. Mercure.
14. Diamant.
15. Tellurium.
16. Barium.
17. Platine.
18. Calcium.
19. Terbium.
20. Kripton.
21. Yterbium.
22. Rhutenium.
23. Argent.
24. Zircon.
25. Bore.
26. Osmium.
27. Zinc.
28. Rhodium.
29. Bismuth.
30. Indium.
31. Vanadium.
32. Fluor.
33. Molybdène.
34. Thallium.
35. Nickel.
36. Terbium.
37. Niton.
38. Fer.
39. Argon.
40. Tungstène ou **Wolfran.**
41. Iridium.
42. Phosphore.
43. Stontium.
44. Tantale.

45. Néodyme.
46. Néon.
47. Dysprosium.
48. Mabium.
49. Luticium.
50. Caesium.
51. Lithium.
52. Lanthane.
53. Plomb.
54. Germanium.
55. Cuivre.
56. Or.
57. Silicium.
58. Samarium.
59. Cerium.
60. Proseodymium.
61. Antimoine.
62. Soufre.
63. Carbone.
64. Aluminium.
65. Iode.
66. Manganèse.
67. Hydrogène.
68. Oxyge.
69. Arsenic.
70. Azote.
71. Chlore.
72. Sodium.
73. Cobalt.
74. Columbium.
75. Chrome.
76. Polonium.
77. Glucium.
78. Palladium.
79. Brome.
80. Potassium.
81. Yttrium.
82. Selenium.
83. Hélium.
84. Néodyme.
85. Celtium.
86. Proto-actinium.
87. Scandium.

138 —

SEPTIÈME PARTIE

RADIATIONS HUMAINES

Diagnostic médical.

Avant d'énumérer les procédés employés actuellement couramment, je vais attirer l'attention de mes lecteurs sur ce qu'il leur est permis de faire, car il faut absolument empêcher, par tous les moyens, le charlatanisme qui jette le discrédit sur une science qui nous est particulièrement chère.

N'oubliez pas que la loi défend l'exercice de la médecine à toute personne non munie d'un diplôme, qui prend part habituellement ou d'une façon suivie *au traitement des maladies,* sauf les cas d'urgence reconnue.

Le rôle du radiesthésiste sera celui d'un physicien et non d'un thérapeute et jamais il n'ordonnera quoi que ce soit en médication.

La loi autorise le diagnostic ; elle ne défend que le traitement et il ne s'agit pas de vouloir ruser avec les textes, ceux-ci sont trop explicites que pour laisser le moindre doute.

Les médecins en général ont grand tort de vouloir empêcher le radiesthésiste de leur apporter son concours, car dans bien des cas il pourrait être leur auxiliaire précieux.

Pensez-vous que le but de la radiesthésie est de supplanter l'art médical ? Non ! Son but est d'apporter à la science médicale le concours que la radiologie lui a apporté,

— 141

en l'aidant à découvrir au pendule ou à la baguette les radiations malades que la pellicule ne peut fixer.

Car nous savons qu'un champ ulcéreux ou cancéreux sera détecté par le radiesthésiste bien avant qu'il ne soit possible de le voir par la radiologie ou de diagnostic médical ordinaire, et ce quand il est guérissable. Les expériences suivies faites en laboratoire confirment ce que j'avance, et l'on est obligé de reconnaître, quand on voit travailler un radiesthésiste expérimenté, qu'il parvient sans rien demander au malade, à déterminer les lésions aux organes, la cause des douleurs, et mieux les fractures, cicatrices ou organes enlevés. Le doute doit-il encore exister ? Non.

Demandez à un médecin de faire cette expérience sans toucher le malade, sans rien lui demander.

L'on vous dira : c'est de la voyance, du magnétisme, de la transmission de pensée, etc. Mais je n'y crois pas parce qu'il n'y a rien de scientifique, hélas ! Actuellement on commence seulement à établir des lois et je puis affirmer que d'ici peu de temps il ne sera plus possible de mettre en doute cette science.

Il faut bien reconnaître que les résultats sont là, indiscutables, et que si certains médecins ne veulent pas admettre les faits, c'est par parti-pris.

Et comment peut-on encore douter devant tant de succès et de faits et en voyant à la tête des organismes de recherches, en France par exemple, Edouard Branly, Georges d'Arsonval, Lakhovsky, des médecins tels que Leprince, Reynauld, Roux, Foveaux de Courmelles, le pharmacien Lesourd, connu universellement au point de vue de ces recherches scientifiques par sa célèbre règle, des Turenne, Capron, Antoine, Treyve, etc.

142 —

DU DOCTEUR CARREL.

Il faut que la médecine étudie l'individu aussi bien que la maladie. Peut-être bien la méfiance que le public éprouve de plus en plus à son égard, l'inefficacité et parfois le ridicule de la thérapeutique, sont-ils dus à la confusion des symboles indispensables à l'édification des sciences médicales et du patient concret... Les divisions anatomiques sont superficielles.

Le malade doit être non seulement étudié, mais avant tout soulagé, rassuré et guéri.

Le médecin doit découvrir dans chaque patient les caractères de son individualité, sa résistance propre à l'agent pathogène, le degré de sa sensibilité à la douleur, la valeur de toutes ses activités organiques, son passé et son avenir.

Avant épuisement des essais et démonstrations péremptoires de sa non-utilité, ne rejetez donc pas la radiesthésie sérieuse.

Dr Carrel.

En Allemagne, le dernier Congrès de radiesthésie avait réuni près de 125 médecins les plus réputés d'Allemagne ; le même mouvement se produit dans tous les pays.

En Belgique, le mouvement est parti doucement, mais nous pouvons en être fier, car c'est à notre petit pays, si travailleur, si tenace, que revient l'honneur d'avoir trouvé la biologie radiesthésiste, par le Professeur Docteur Marcel Monier, Directeur de l'Institut de Biologie de Liége et Président d'honneur du Cercle d'Etudes des amis de la radiesthésie de Liége.

Vous pourriez nous dire : « Vous vous êtes déjà

— 143

trompés ? » Oui, et demandez un peu à un médecin s'il
ne s'est jamais trompé ? Il y a d'ailleurs un proverbe qui
dit : « Ne se trompe pas que celui qui ne fait rien » et
n'avons-nous pas vu dans certaines recherches telles que le
« 606 » qui était la 606ᵉ formule, que la 605ᵉ n'était pas au
point. Et actuellement on a dépassé la 1200ᵉ.

En radiesthésie, ce sont les recherches répétées qui nous
ont permis d'établir sur des bases certaines les différentes
méthodes, qui toutes, disons-le, se confirment par le résultat
final.

LES RADIATIONS.

Mais comment captons-nous les radiations malades ?

Quand on passe le pendule ou la baguette devant une
personne malade, le pendule girera chaque fois dans le sens
opposé à la polarité du sujet et toujours sur un point malade.

Supposons une personne que nous examinons. Nous
promenons notre pendule sur deux ou trois organes ; nous
nous apercevons que le pendule oscille ; nous regardons
encore un autre organe ; le pendule se met à girer. A ce
moment nous constatons que chaque fois que le pendule
gire, nous nous trouvons en présence d'une partie malade ;
et chaque fois que le pendule oscille, nous sommes sur une
partie saine.

Vous ne devez pas a priori établir une règle absolue au
point de vue polarité, car celle-ci pourrait vous induire en
erreur. Vous devrez donc, suivant chaque sujet à ausculter,
rechercher sa propre polarité, et surtout sa polarité saine,

144 —

non malade. Ceci sera donc le point de départ de ma méthode de diagnostic.

COMMENT RECONNAITRE ET DONNER UN NOM A UN ORGANE MALADE ?

La méthode est assez simple ; elle consiste d'abord à diviser le corps en compartiments comme on ferait d'une armoire.

Nº 1. Tête.
Nº 2. Gorge, larynx, glandes.
Nº 3. Poumon gauche.
Nº 4. Poumon droit.
Nº 5. Cœur, sein gauche.
Nº 6. Plexus, sein droit.
Nº 7. Carrefour droit (foie, pancréas, vésicule).
Nº 8. Estomac, rate.
Nº 9. Vessie, urètre (matrice, ovaires).
Nº 10. Cuisse droite.
Nº 11. Cuisse gauche.
Nº 12. Genou gauche.
Nº 13. Genou droit.
Nº 14. Jambe gauche.
Nº 15. Jambe droite.
Nº 16. Pied gauche.
Nº 17. Pied droit.
Nº 18. Epaule gauche.
Nº 19. Epaule droite.
Nº 20. Avant-bras droit.
Nº 21. Avant-bras gauche.
Nº 22. Rein droit.
Nº 23. Rein gauche.
Nº 24. Nerfs.
Nº 25. Circulation du sang.
Nº 26. Intestins.
Nº 27. Gros intestin.
Nº 28. Appendice.

Vous notez chaque partie révélée malade, car vous devrez ensuite examiner chaque partie afin de voir ce qui est réellement malade dans la loge correspondante.

Notre rayon mental intervenant, nous allons examiner chaque point relevé afin de dégrossir le diagnostic ; nous présenterons notre pendule à la planche anatomique et examinerons les points ci-dessous. Chaque fois que vous toucherez sur le plan un endroit malade avec une pointe tenue dans la main gauche, le pendule changera de polarisation.

— 145

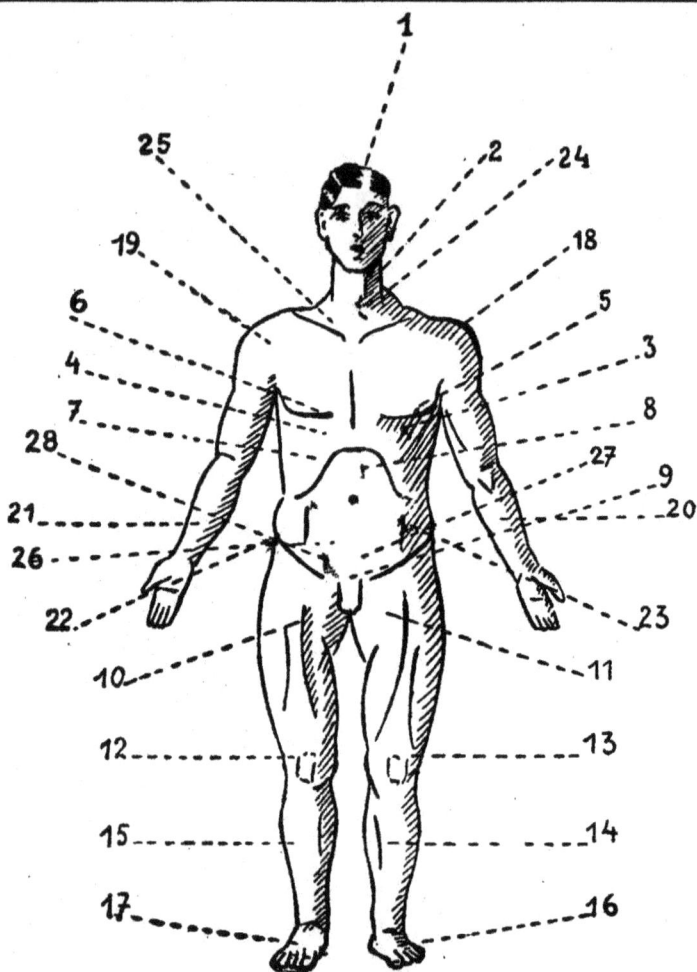

1. *Tête.*
2. *Gorge, larynx, glandes.*
3. *Poumon gauche.*
4. *Poumon droit.*
5. *Cœur, sein gauche.*
6. *Plexus, sein droit.*
7. *Carrefour droit (foie, pancréas, vésicule).*
8. *Estomac, rate.*
9. *Vessie, urètre (matrice, ovaires).*
10. *Cuisse droite.*
11. *Cuisse gauche.*
12. *Genou gauche.*
13. *Genou droit.*
14. *Jambe gauche.*
15. *Jambe droite.*
16. *Pied gauche.*
17. *Pied droit.*
18. *Epaule gauche.*
19. *Epaule droite.*
20. *Avant-bras droit.*
21. *Avant-bras gauche.*
22. *Rein droit.*
23. *Rein gauche.*
24. *Nerfs.*
25. *Circulation du sang.*
26. *Intestins.*
27. *Gros intestin.*
28. *Appendice.*

146 —

Tête.

1. Cerveau.
2. Nez.
3. Sinus.
4. Oreilles.
5. Glande pétentaire.
6. Nerfs du cerveau.
7. Yeux.

Gorge.

8. Larynx, pharynx, trachée artère, œsophage.
9. Langue, dents, glandes.
10. Amygdales.
11. Glande thyroïdeum (goître).

Poumons.

12. Bronches droites et gauches.
13. Tuberculose, phytine.
14. Gangrène du poumon.
15. Hémorrhagie des poumons.
16. Rétrécissement.

Cœur.

17. Maladie de cœur.
18. Angine de poitrine.

Seins.

19. Tumeurs.
20. Cancer.

Plexus.

21. Plexus nerveux du cou.
22. Plexus abdominal ou solaire des nerfs sympathiques.
23. Plexus pelvien des nerfs sympathiques.

Foie.

24. Atrophie, jaunisse.
25. Cancer.
26. Congestion.
27. Agrandissement.
28. Gonflement.
29. Gras.
30. Induration.

31. Inflammation.
32. Rétraction.

Pancréas.

33. Inflammation.

Vésicule biliaire.

34. Inflammation.
35. Calculs.

Rate.

36. Inflammation.
37. Congestion.

Estomac.

38. Affaibli (indigestion).
39. Atome.
40. Cancer.
41. Cardia.
42. Catarrhe aigu.
43. Crampes.
44. Dilatation.
45. Faiblesse.
46. Induration.
47. Ulcère.
48. Hémorrhagie.

Vessie.

49. Calculs.
50. Cancer.
51. Catarrhe.
52. Faiblesse.
53. Gravelle.
54. Hémorrhagie.
55. Paralysie.
56. Spasme.

Urètre.

57. Inflammation.
58. Rétrécissement.
59. Hémorrhagie (de la vessie, des reins).

Matrice.

60. Descente.
61. Cancer.
62. Chute.

— 147

63. Fibrome.
64. Antiflexion, antiversion.
65. Rétroflexion, rétroversion.
66. Version.
67. Hydropisie.
68. Hémorrhagie.
69. Polypes.
70. Tumeurs.
71. Ulcères.

Ovaires.

72. Cancer.
73. Tumeur.
74. Inflammation (ovarite).

Cuisse.

75. Rhumatisme.
76. Sciatique.
77. Goutte.

Genoux.

78. Cagneux.
79. Inflammation.
80. Paralysie.
81. Gonflement.
82. Tumeurs.

Jambes.

83. Rhumatisme.
84. Paralysie.

Pieds.

85. Enflés.
86. Sciatique.
87. Goutte (cristaux aux talons).
88. Transpiration.

Epaule.

89. Inflammation.
90. Raideur.
Rhumatisme.

Avant-bras.

91. Arthritisme.
92. Rhumatisme.
93. Névrites.

Reins.

94. Flottant.
95. Atrophie.
96. Calculs.
97. Cancer.
98. Congestion.
99. Hydropisie.
100. Hémorrhagie.
101. Hyperhémie.
102. Inflammation.
103. Pierre.
104. Sable.

Nerfs.

105. Facial.
106. Accoustique.
107. Pneumo gastrique.
108. Spinal.
109. Craniens.
110. Inflammation (névrite).
111. Olfactifs.
112. Rachidiens.
113. Sacrés.
114. Grand lymphatique.
115. Lombaire.

Circulation du sang.

116. Epais.
117. Liquide.
118. Empoisonnement.
119. Névrite.
120. Mauvaise.

Intestins.

121. Cancer.
122. Catarrhe aigu.
123. Colique.
124. Entortillement.
125. Grêle (intestin).
126. Inflammation.
127. Ulcère.
128. Vers.
129. Gros (intestin).
130. Appendice.

EXEMPLE DE RECHERCHE PAR RAYON MENTAL SEUL.

Ayant trouvé estomac, vésicule, intestins, vous cherchez alors à chaque partie malade la cause. A estomac, vous trouvez inflammation ; à vésicule, inflammation ; à intestins, inflammation. Vous vous trouvez vraisemblablement en présence d'une gastrite intestinale.

Mais comment fait-on pour trouver inflammation ? A ce moment, comme je vous l'ai dit au commencement, votre rayon mental intervient. Etant en présence d'estomac par exemple, vous pensez à cancer, vous faites osciller ou girer votre pendule, il continue et ne donne pas de réaction. Vous l'arrêtez et en pensant à catarrhe, vous le remettez en marche, il n'indique encore rien, c'est-à-dire qu'il ne change pas de sens. Vous regardez alors inflammation ; après avoir remis le pendule en marche, il change de polarisation, donc s'il girait il oscille ou vice-versa. Par conséquent vous pouvez établir qu'à ce moment vous êtes en présence du mal dont souffre l'estomac, c'est-à-dire inflammation.

Vous recherchez alors l'amplitude du mal ; en ayant 10 girations comme chiffre d'une belle vitalité, les chiffres suivants nous donneront :

     1 giration : très mauvais.
2 et 3 girations : mauvais.
4 et 5 girations : passable.
6 et 7 girations : assez bon.
8 et 9 girations : bon.
    10 girations : très bon.

Vous ferez alors intervenir les couleurs.

— 149

Vous placez une de ces couleurs ou deux, suivant le cas recherché, dans la paume de la main du malade ; vous lancez votre pendule ; quand il change de direction sur les couleurs, c'est que la personne est atteinte de la maladie représentée par les couleurs.

LES COULEURS.

Suivant le docteur Leprince, nous aurions :

Violet :   Troubles du pancreas, glandes surrénales, anémie, hypotention.
Indigo :   Troubles hépatiques.
Bleu :   Troubles thyroïdiens.
Vert :   Gastro-intestinaux.
Jaune :   Troubles cardiaques.
Orangé :   Troubles nerveux.
Rouge :   Troubles circulatoires et artériels.
Jaune pâle :   Troubles de la circulation, cérébrale.
Mauve :   Troubles hypophysaires (ovaires).
Rose :   Troubles spléniques.
Vert clair :   Troubles d'assimilation.
Chocolat :   Troubles du système nerveux, sacré ou grand sympatique.
Corail :   Troubles des voies respiratoires.
Violet et rouge :   Tuberculose et prétuberculose.
Vert foncé :   Prédisposition aux tumeurs.
Vert et jaune :   Migraineux.
Noir   Neurasthénie, mélancolie.
Noir et vert :   Cancer et folies diverses.
Gris bleuté :   Reins.
Rose laiteux :   Système lymphatique.

Si vous ajoutez à ces couleurs, après examen, le noir et blanc et que le pendule continue à marquer malade, vous vous trouvez alors en présence d'un cas grave sinon incurable ou fatal.

150 —

LA METHODE DE BOST ([1]).

Consiste à faire passer le pendule au-dessus des phalanges de la main gauche de la personne à examiner. Quand le pendule change de polarité sur une des phalanges, vous êtes en présence d'une partie malade, car chaque phalange correspond à des organes déterminés.

M. Bovis nous donne alors la méthode empirique de suivre du doigt toutes les parties du corps en ayant le pendule dans l'autre main. Chaque fois que le doigt en antenne se trouve en face d'un organe malade, le pendule change de polarité.

Nous donnerons un procédé de recherches sur les doigts des deux mains.

Main droite.

Pouce : Tête côté droit.
Index : Côté respiratoire droit.
Médius : Foie.
Annulaire : Rein droit.
Auriculaire : Bas-ventre droit.

Main gauche.

Pouce : Tête côté gauche.
Index : Côté respiratoire gauche.
Médius : Estomac.
Annulaire : Rein gauche.
Auriculaire : Bas-ventre gauche.

([1]) de Lacroix a l'Henry : *Etude de radiesthésie.*

— 151

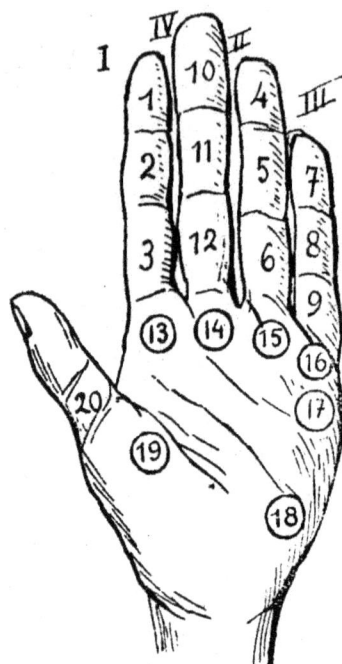

1. Cerveau, tête.
2. Gorge, larynx.
3. Bras, mains, épaules.
4. Plexus, seins, assimilation.
5. Estomac, diaphragme.
6. Ventre, intestins.
7. Reins, épine dorsales, fesses.
8. Sexe ; voies urinaires.
9. Cuisse, hanches, anus.
10. Genoux, jarrets.
11. Jambes, chevilles.
12. Pieds, orteils.

Monts.

13. Circulation du sang, foie, système digestif général, liqueur séminale.
14. Genoux, os, dents, rate, articulations, rhumatismes.
15. Cœur, sang, vitalité.
16. Cerveau, bras, sytème nerveux, poumons, bronches.
17. Sexe externe, muscles et tendons, bile, nez.
18. Estomac, poitrine, système lymphatique, humeurs fluides.
19. Seins, gorge, sexe interne, veines.
20. Cœur, cardiaque.

Pour la femme vous inversez les mains. La main gauche de la femme donne les renseignements de la main droite des hommes et vice-versa.

Pour rechercher la maladie, vous faites balancer le pendule dans le sens du doigt et sur toute sa longueur ; s'il se polarise, c'est que la partie indiquée est malade.

Nous allons vous donner une méthode qui m'est personnelle, par les vertèbres.

METHODE DE RECHERCHE SUR LES VERTEBRES.

1re et 2e vertèbres :	Trouble céphalique, insomnie, migraine.
3e à 5e »	Troubles de la gorge et du nez.
5e »	Plexus nerveux du cou.
6e à 8e »	Bronchite, affection des poumons.
1re à 7e »	Vertèbres cervicales.
9e »	Maladie de cœur.
10e à 12e »	Estomac, foie.
13e à 15e »	Troubles gastro-intestinaux.
16e à 20e »	Affection des reins et de la peau.
18e »	Nerfs lombaires.
19e »	Plexus abdominal ou solaire des nerfs sympathiques.
8e à 19e »	Vertèbres thoraciques.
21e à 24e »	Appendicite, péritonite.
20e à 24e »	Vertèbres lombaires.
24e »	Plexus pelvien des nerfs sympathiques.
Plus bas :	Constipation, sciatique.
Vers la fin :	Maladie des membres inférieurs.

Vous longez les vertèbres avec votre index gauche en antenne ; à chaque trouble dépendant des vertèbres, votre pendule changera de polarisation. La méthode servira à confirmer votre diagnostic.

— 153

METHODE RADIESTHESIQUE DE M. LESOURD.

Sur une règle graduée en centimètres et orientée nord-sud, on place l'urine en o nord. Si vous promenez votre pendule le long de la règle, le pendule marque des points de giration.

Une personne bien portante donnera les réactions pendulaires suivantes :

De o à 20 centimètres : aucun mouvement.

De 20 à 40 centimètres : une giration + positive.

De 40 à 60 centimètres : oscillation.

M. Lesourd donne le nom de champ de défense de l'organisme de o à 60 centimètres. A 1^m60 il constate une oscillation correspondant à la virulence et à 8 mètres un autre plan de radiations-oscillations correspondant à résistance vitale.

S'il se révèle une affection non microbienne, les chiffres 20-40-60 se marquent d'une façon normale.

Si le pendule réagit avant 1^m60, il correspond à la virulence du mal, et s'il réagit avant 8 mètres, il correspond à la gravité.

Si l'affection est microbienne, les champs 20-40-60 sont remplacés par d'autres champs qui commencent tous à l'urine.

Le pendule commence à o, il s'arrête, pour réagir à un point X ; il oscille, puis tourne jusqu'à un deuxième chiffre X où il oscille ; puis tourne jusqu'à un troisième et ainsi de suite jusqu'à un quatrième où il oscille encore ; à partir de ce moment, il tournera en sens inverse jusqu'au double du premier chiffre.

Les recherches de l'organe se font par syntonisation à l'aide de poudres d'organes.

La méthode de M. Lesourd est très scientifique et a donné des résultats surprenants.

METHODE DE CALLIGARIS D'UDINE.

Cette méthode est basée sur des sensations d'hyperesthésie accusées par les malades au niveau des différents doigts.

On excite au moyen d'un balai faradique la face palmaire et terminale, on ressent des réactions vives ou désagréables au niveau du doigt ou de l'espace interdigital.

Pouce = intestin.

entre Pouce Index . } espace interdigital = estomac.

Index = appareil génital.

entre Index . Médius } = foie, appareil respiratoire.

Médius = reins, appareil sympathique.

entre Médius Annulaire } = appareil splénique.

Annulaire = pancréas.

entre Annulaire Auriculaire } = système nerveux, cérébro-spinal.

Auriculaire = cœur.

L'examen de l'organe incriminé d'après ce procédé bien spécial, fournirait un diagnostic juste, mais il pourrait y

— 155

avoir des erreurs causées par des causes de transpiration, altération de la peau, mains de travailleurs manuels, cicatrices etc...

D'après les études des docteurs Fitzgerald et Bowers, d'Ohio, se rattachant à la zonothérapie, ces docteurs sont arrivés à diviser le corps en 10 zones ou 5 tranches de chaque côté de la ligne médiane en passant par le milieu du front et du nez ; ces auteurs ont trouvé une correspondance entre les mains, dents, pieds, de telle sorte qu'il suffit d'une pression ou friction, d'un pincement rude, au niveau de ces divers organes, pour amener une guérison ou une atténuation des douleurs par action réflexe sur un autre organe situé dans la même zone.

Voici quelques corrélations zonothérapiques :

Les douleurs oculaires sont atténuées par la pression des deux premiers doigts ;

L'oreille, par le quatrième doigt.

Le rhume des foins, par le pouce et l'index ;

La toux, par les deux premiers doigts de chaque main ensemble ;

La pneumonie, aux trois derniers doigts ;

Tandis que les douleurs de l'ulcère de l'estomac, de la dysménonhée et du fibrome de l'utérus, seraient soulagés par la pression ou la friction des trois premiers doigts.

Conseil.

Quand vous donnez un diagnostic, méfiez-vous du « choc » donné au malade ; car, quand un malade vous dit : « Je suis fort, dites-moi toute la vérité, je m'attends à tout », dites-vous bien que ce malade, 99 fois sur 100, redoute votre

156 —

pronostic et vous lui rendrez un très grand service en ne lui disant pas la vérité qu'il réclame.

D'ailleurs sommes-nous *certains* du diagnostic que nous donnons ? De deux maux, employons le moindre, car nous savons que beaucoup de malades ont peur d'être atteints de certaines maladies, et en ne leur disant pas la vérité, nous les aidons dans leur guérison ; car nous leur relevons leur moral déjà atteint, et alors, étant mieux aguerri, le malade provoquera des réactions favorables à sa guérison.

Ne jamais faire de diagnostic à grande échéance ; car c'est d'abord un pronostic facile, ensuite une pratique dangereuse pour le malade et son entourage, car reprenons les paroles du Dr Leprince : « Le roi, l'âne, ou moi, nous seront morts. »

LA METHODE DE M. TURENNE

Celui-ci emploie une règle comme M. Lesourd ; seulement celle-ci, au lieu d'avoir 1^{m}60 comme celle de M. Lesourd, n'a que 1^{m}56 ; par contre tous les deux emploient la règle de 8 mètres pour le champ vital.

M. Turenne, lui, emploie une ampoule de gaz de radium comme réactif. Leurs méthodes donnent de bons résultats, seulement M. Lesourd, dans son ouvrage *Méthode radies-thésique de recherche des maladies et imprégnations micro-biennes*, définit en un langage clair et à la portée de tous sa façon d'opérer.

* * *

Après ces méthodes qui, toutes, donnent des résultats

— 157

indiscutables, j'ai essayé de réunir en un seul appareil toutes les méthodes.

* * *

En dernière minute, des médecins ayant demandé de ne pas mettre dans le domaine public un appareil qui, dans des mains non expérimentées, pourrait donner des erreurs, je donnerai simplement son fonctionnement mais ne tracerai aucun schéma.

METHODE POUR RECHERCHE
D'UN DIAGNOSTIC COMPLET.

Organes malades - Syntonisation microbienne
Virulence du mal - Remèdes.

Ayant étudié diverses méthodes, j'ai confectionné un appareil qui réunit les différents appareils connus en un seul ; il a l'avantage d'être transportable et permet d'établir une fiche médicale absolument complète.

Comment opérons-nous ? Ayant un témoin, urine ou sang, nous plaçons celui-ci en U sur la planche A. Nous allumons la lampe électrique. Nous prenons la polarité de l'urine, nous avançons sur la règle A doucement, le pendule s'arrête ; nous continuons, à une certaine distance, le pendule se met à girer suivant la polarité de l'urine ; nous examinons le chiffre obtenu ; si c'était 160, ce serait une santé parfaite. Plus le chiffre diminue, plus le malade est gravement atteint. Le chiffre obtenu pourra plus tard nous servir, afin de nous rendre compte, d'abord si la maladie

158 —

s'améliore ; ensuite nous contrôlera afin de voir si nous avons bien trouvé tous les points malades, les microbes et ensuite les remèdes appropriés ; car quand notre analyse sera faite, nous réunissons les témoins trouvés, organes, microbes, médications ; nous les plaçons en U, toujours sur la règle C et nous repartons de o en allant vers 160. Si nous avons tout trouvé au point de vue maladies et remèdes, nous rétablissons l'équilibre et nous devons seulement girer à 160. Si toutefois il nous manque une donnée, si nous n'avons donc pas tout trouvé, nous aurons un chiffre inférieur et il faudra recommencer.

Donc le premier travail terminé, nous commençons l'analyse proprement dite.

Nous plaçons alors notre témoin, urine, sur le U de la règle C ; allumons la lampe électrique ; nous recherchons la polarité qui est + pour les hommes et — pour les femmes. Le pendule girant sur l'urine (car nous supposons une analyse d'urine d'homme) nous avançons doucement sur la règle C vers 160, nous passons doucement au-dessus des témoins de 1 à 50. Sur chaque témoin où le pendule gire, il y a loi de sympathie, et par ce moyen simple, vous trouvez la syntonisation microbienne. Vous tirez les tubes de microbes, car ils nous serviront dans les recherches finales.

1. Rougeole.	11. Pneumocoque.
2. Scarlatine.	12. Méningocoque.
3. Catarrhalis.	13. Cancer.
4. Varicelle.	14. Gonocoque.
5. Syphilis.	15. Colibacille.
6. Entéro-coque.	16. Amibe.
7. Polyomyélite.	17. B. Dysentérique.
8. Tuberculose B. de K.	18. Streptocoque.
9. Paludisme.	19. B. Tetanique.
10. Staphylocoque Blanc (Grippe).	20. Staphylocoque doré.

— 159

21. Diphtérie.
22. D. Typhique.
23. B. Paratyphique A.
24. B. Paratyphique B.
25. Ascaris.
26. Oxyure.
27. Tœnia.
28. Variole.
29. B. de Friedlander.
30. B. de Koch.
31. Coqueluche.
32. Gale.
33. Tétragène.
34. B. de Pfeiffer.
35. B. Protens.
36. Anærobris.

37. Albumine.
38. Fièvre de Malte.
39. Glucose.
40. Grippe.
41. Malaria.
42. Pseudodiphtérie.
43. Pyocyanique.
44. Zona.
45. Streptocoque (endocardite).
46. Sinusite.
47. Calculs biliaires.
48. Calculs rénaux.
49. Eczéma.
50. Lèpre.
51. Lamblia.

Ces numéros correspondent au numéro de la case de la règle C dans lesquelles les tubes microbiens sont placés. Supposons que nous ayons trouvé cancer.

Maintenant nous allons rechercher l'organe malade ; nous nous servirons de la règle B ; nous placerons le témoin urine à U et nous placerons les témoins organes sur le point noir B ; nous prendrons la polarité du témoin ; puis nous promènerons notre pendule au-dessus du point N. S'il y a résonance ou sympathie, c'est-à-dire si le pendule gire en même polarité, c'est que l'organe représenté par le témoin est malade ; si le pendule ne tourne pas, vous remettez les témoins dans la trousse. Quand vous avez épuisé la gamme des témoins, s'il vous en reste plusieurs ou un (ici dans notre expérience, il nous en reste un, estomac). Donc nous avons le cas d'un cancer à l'estomac.

Nous rechercherons alors les médicaments appropriés. Nous employons les tubes médicaments afin de trouver la loi de sympathie.

160 —

Vous prenez chaque médicament et tant que votre pendule ne tourne pas, vous n'avez pas le remède approprié. Alors vous prenez tous les témoins, cancer, estomac, et supposons deux remèdes. Vous placez les deux témoins, estomac, cancer, sur la règle W au point B et en A vous placez les remèdes ; en D vous placez du soufre. Vous placez votre pendule en U et avancez doucement vers B-D-A ; si le pendule gire à 19 lignes, c'est que le remède est parfait ; s'il ne gire qu'à 16, 17 ou 18, c'est qu'il manque un produit pour être complet.

Vous pouvez également, sur la planche B à l'emplacement V, rechercher en plaçant le témoin urine au point U. Vous commencez en X en avançant vers U. Chaque fois que le pendule girera, la ligne représente une maladie, ce qui confirmerait les autres recherches. Cette planche, nous l'appellerons radiovertèbres parce qu'elle représente les 24 vertèbres.

1. Cerveau, insomnie, migraine.
2. Oreilles.
3. Yeux.
4. Nez, larynx, rhinopharynx, trachée.
5. Joues, mâchoires (plexus nerveux du cou).
6. Gorge.
7. Cou et épaule.
8. Bras.
9. Cœur, hypertension.
10. Poumons.
11. Foie.
12. Etat général.
13. Estomac.
14. Gastro-intestinaux.
15. Pancréas.
16. Rate.
17. Reins.
18. Peau.
19. Plexus abdominal ou solaire des nerfs sympathiques.
20. Intestin grêle.
21. Appendice, péritonite.
22. Organes génitaux.
23. Colon, jambes.
24. Vessie, rectum.
25. Constipation, sciatique.

Nous pourrons, si nous le désirons, établir des fiches dont je vous donne un modèle qui peut être complété par les organes qui vous intéressent.

— 161

Fiche de Mᵛ X .... établie le .... 193...									
160	ETAT général	Cœur	Estoma	Poumon	Foie	Vésicule	Intestin	Reins	Nerfs
159									
158									
157									
156									
155									
154									
153									
152									
151									
150									
149									
148									

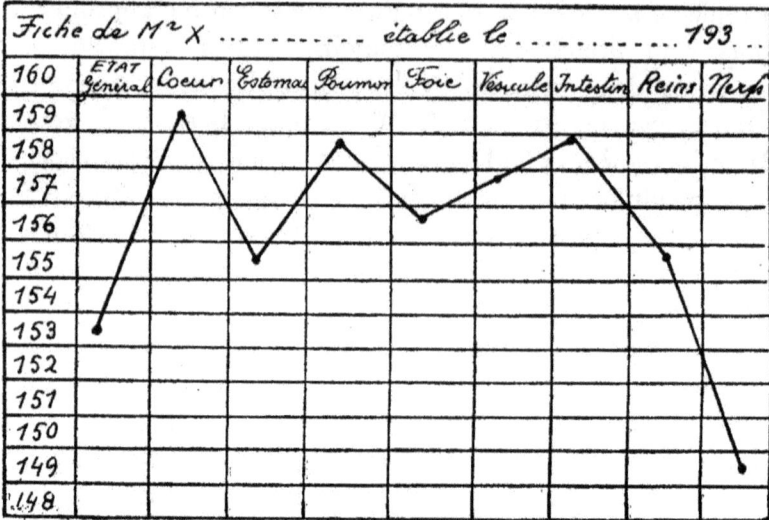

POUR RECHERCHER LE SEXE D'UN ENFANT A NAITRE.

Nous prenons d'abord la polarité de la mère à deux ou trois reprises ; puis après avoir pris la polarité, nous plaçons notre index gauche en antenne face à la mère et attendons le mouvement pendulaire.

S'il gire, nous sommes en présence d'un garçon à naître ; s'il oscille, nous aurons comme diagnostic une fille.

Supposons qu'il y ait des jumeaux ; nous aurons alors le phénomène suivant :

Le pendule, après avoir pris la polarité de la mère, s'arrête, puis marque la polarité de l'enfant le plus fort,

162 —

ensuite s'arrête, marque alors la polarité du second ; s'il y a un troisième, il s'arrêtera et marquera encore la polarité, et ainsi de suite.

Précautions à prendre : placez la maman dans l'orientation nord-sud, dos tourné au nord ; ne pas faire une recherche avant le septième mois de gestation accompli.

Vous pourrez avoir des erreurs si la mère ou l'enfant sont malades ; c'est pourquoi il faut recommencer l'expérience plusieurs fois avant de confirmer.

DES ALIMENTS FAVORABLES OU CONTRE-INDIQUES.

Voulant vous rendre compte si un aliment vous est favorable, vous placez l'aliment en face de vous en le tenant en main ou en le montrant du doigt en antenne ; le pendule est tenu entre l'objet et le corps de la personne pour qui, ou qui effectue la recherche.

Si le pendule gire positivement, c'est que l'aliment est bon ; s'il oscille, c'est que l'aliment est nuisible ; mais si le pendule tourne négativement, c'est que l'aliment ne convient pas du tout.

Je ferai cependant une remarque : c'est que le sens de polarisation n'est pas absolu. Il est toujours nécessaire de prendre la polarité de la personne avant de commencer. Si la personne est positive, le pendule girera positivement pour indiquer un bon aliment, tandis que, si la personne est négative, le pendule girera négativement pour un aliment favorable.

— 163

METHODE BROCHEMIN DANS LA RECHERCHE
DES MALADIES PAR RAYONS FONDAMENTAUX
ET CHIFFRES DE GIRATIONS (SERIES).

Brochemin, dans son Traité de Radiesthésie, a étudié d'une façon approfondie les rayons fondamentaux de toutes les maladies. C'est ainsi qu'il a créé un disque à degrés (boussole) sur lequel il retrouve toutes les maladies par leur orientation, leurs degrés et leurs séries.

Exemples :

Anévrisme	N.-E.	30°	45 girations
Asthme	N.-E.	60°	47 girations
Goitre	N.-O.	315°	290 girations
Typhoïde	N.-E.	85°	39 girations
Verrues	N.-E.	35°	43 girations
Ténia	N.	10°	50 girations
Varices	N.	10°	25 girations

La méthode est très complète et donne d'assez bons résultats. Le même auteur travaille également par sensibilité, à mains nues, procédé personnel qui n'a pas encore suffisamment fait ses preuves que pour l'admettre a priori.

Brochemin prétend qu'en étendant la main nue devant un organe malade, il sent une impression de chaleur ou de fraîcheur dans le creux de la main. L'auteur prétend arriver à de très bons résultats, mais ajoute que cette perception ne peut remplacer le pendule pour les précisions dont on a besoin.

164 —

La méthode Brochemin ([1]).

M. Germain Brochemin, de Charenton-le-Pont (Seine, France), emploie un disque orienté et comportant tous les degrés de la boussole. Ayant un témoin appartenant à la personne dont vous recherchez le diagnostic, vous promenez votre pendule autour du disque. A chaque point malade, le pendule se comportera d'une façon différente, c'est-à-dire : si sur un organe sain il oscille, sur un organe malade, il girera.

Je fais suivre la liste générale des principales maladies, voir page 147.

REMANANCE DES MALADIES.

Afin de vous rendre compte si la maladie existe ou si elle n'existe plus, mais laisse toujours des traces ou remanance, il suffit de prendre dans la main qui tient le pendule un morceau de soufre ; si la maladie est réelle, le pendule continue à tourner ; au contraire il s'arrête s'il y a remanance.

Un autre procédé consiste à présenter le nord de la boussole (bloquée) en face de la maladie. Le pendule girera et en face de la remanance il ralentira et oscillera.

Par contre la remanance aura l'avantage de déterminer les maladies contractées antérieurement et permettra de comparer la maladie présente à celle passée.

([1]) On peut acheter le grand cadran des rayons azimutaux des maladies de Germain Brochemin à la Maison de la Radiesthésie, 16, rue Saint-Roch, Paris, au prix de 13 francs.

HUITIÈME PARTIE

TÉLÊRADIESTHÉSIE
OU LECTURE DU PLAN

───

Ici nous entrons dans un domaine qui fait sourire les savants et beaucoup de personnes. Pourquoi ? Parce que nous ne pouvons prouver, ni expliquer d'une façon scientifique ce phénomène. Et cependant nous devons nous incliner devant le nombre toujours croissant de réussites.

On dira suggestion, voyance, magnétisme, hypnotisme, en un mot sciences occultes ! Non, nous nous trouvons devant un phénomène de radiations que nous captons ; elles sont reproduites par la photographie ou par le plan mis en notre présence.

Mais comment expliquer ces réactions ? Voici ce que personnellement je pense : l'appareil photographique, au moment où il prend la photo, imprègne la pellicule (ou la plaque sensible) des radiations des objets ou corps photographiés ; il les reportera à des milliers d'exemplaires sans qu'aucun d'eux ne s'en désimprègne et, chose curieuse, si vous photographiez une personne, vous pouvez d'après la photo voir son état de santé, tout comme si elle se trouvait en votre présence, mais si cette personne représentée sur la photo est morte, la radiation vie disparaît complètement, pour ne laisser subsister que les radiations des parties qui étaient malades. Donc nous constatons une particularité qui

— 169

nous montre que les radiations sont bien imprégnées, puisque si l'une d'elle est anéantie, automatiquement sur la photo elle disparaît. Autosuggestion, direz-vous ? Jamais, car combien de fois n'avons-nous pas reçu de photos par la poste, sur lesquelles on nous demandait de faire une recherche de maladie ; notre correspondant savait-il à quel moment nous allions travailler : serait-ce aujourd'hui, ou demain, le soir ou le matin. Et cependant le résultat existait.

Vous me direz, il y a des erreurs. Certes oui, et ce sont ces erreurs qui nous permettent de corriger insensiblement nos recherches. Car ne l'oubliez pas, nous sommes des chercheurs qui voulons la vérité et, croyez-moi, nous sommes peut-être moins portés à admettre un fait que le plus sceptique, et si nous avançons un fait, une théorie, c'est que nous sommes à même de faire toutes les expériences désirables, où l'on veut, devant n'importe qui ; seulement elles doivent pouvoir être contrôlables et faites dans un esprit scientifique et de sincérité.

COMMENT OPERONS-NOUS ?

Nous entraînerons d'abord notre sensibilité ; et le moyen employé par feu l'abbé Mermet, qui était indiscutablement le plus fort en la matière, me semble le mieux convenir. Il consiste à prendre des dessins, des photos, des illustrations, etc. Nous prendrons des illustrations, tel « Hebdo » par exemple. Vous trouverez des photos de navires, d'autos, de personnes, de temples, de momies, d'avions, de mines d'or, d'animaux, de machines, de personnages connus, etc., etc.

Vous vous installez à votre table, bien orienté nord-sud,

le soir en-dessous d'une lampe électrique à verre dépoli.

Sans vous presser, sans suggestion, vous poserez de la main gauche la pointe d'un crayon sur l'image et vous tiendrez votre pendule dans la main droite. Pour peu que vous soyez doué, vous serez surpris de voir votre pendule se mettre de très bonne grâce à osciller, puis à tourner, en vous donnant des séries, soit de l'or, de l'argent, du pétrole, de l'eau ; si votre crayon les indique, il vous donnera le chiffre personnel de chaque objet.

Vous noterez les chiffres afin de vous assurer de leur constance.

Ayant acquis une certaine sensibilité, passons aux essais sur carte. Vous prenez une carte à grande échelle, par exemple une carte d'état-major au 1/40.000, à la rigueur une carte Taride ou Michelin ; si vous promenez votre pointe de crayon sur une rivière, un ruisseau, un étang, vous constaterez que le pendule donnera la série de l'eau et le sens des oscillations sera bien le sens du courant.

Si vous savez qu'il se trouve dans un terrain une source, un puits, du charbon, des constructions métalliques non renseignées sur la carte, vous vous efforcerez de les repérer.

Quand vous aurez travaillé quelque temps à ces recherches, vous vous lancerez à la recherche de l'inconnu.

Prenez un témoin eau et recherchez une source sur la carte ; à un certain moment, la pointe touche un point, le pendule gire, vous comptez la série 7, vous êtes sur une source.

Vous pourrez alors déterminer la profondeur. Ayant obtenu un point, vous tracez vers l'ouest une ligne au crayon ; puis vous partez très doucement avec votre crayon du point vers l'extrémité de la ligne ; à un certain endroit, le pendule gire, vous marquez le point, puis vous mesurez la distance entre les deux points. Autant de millimètres obtenus, autant de mètres de profondeur.

Certains radiesthésistes emploient une ligne plus longue et comptent par centimètre, un mètre. Ce n'est qu'une question d'adaptation.

Il est bien entendu que, dans les recherches sur plan, quand vous avez un témoin, vous ne devez pas vouloir trouver. Vous devez attendre les réactions de votre pendule, le regarder, le comprendre, car, entre lui et vous, ce sera lui qui aura raison ; s'il ne dit rien, ne vous énervez pas, le pendule sait ce qu'il fait, car l'endroit où il vous semble que doit se trouver ce que vous cherchez, n'est pas souvent le bon.

Reprenons les paroles de l'abbé Mermet :

Ne pas confondre l'attention, la sélection, la mise au point, l'adaptation — qui sont des opérations de tout appareil récepteur (cerveau) — avec des interrogations, des injonctions, des suggestions — qui sont des gestes d'appareil émetteur.

Dans la recherche sur photo, vous emploierez la même méthode, mais ici, si vous recherchez des maladies, votre rayon mental devra intervenir.

Vous regarderez, en commençant, si la personne se trouvant sur la photo vit. Plaçant la photo tête au nord, vous présentez votre pendule à droite ; s'il gire, la personne vit ; s'il oscille dans le sens de la longueur du corps, la personne est décédée. Vous contrôlez votre diagnostic en plaçant votre pendule au-dessus de la bouche ; s'il tourne doucement, la personne dort ou est faible ; s'il tourne vite, la personne parle ; s'il tourne très vite, elle chante. En cas de doute, vous placez votre pendule au-dessus du cœur ; s'il tourne, la personne vit ; s'il s'arrête, il n'y a plus de vie.

Etant en face d'une photo de personne vivante, nous recherchons la ou les maladies dont elle souffre.

Nous commençons à rechercher la polarité, car les parties malades auront une polarité contraire. Puis, passant sur la photo avec notre doigt placé sur la tête, nous regardons notre pendule ; s'il ne change pas de polarité, la tête n'est pas malade. Examinons ensuite la gorge, les poumons, le cœur, l'estomac, les reins, le foie, etc. (voir tableau de recherches). Chaque fois que la polarité changera, vous aurez une partie malade.

Ayant obtenu par exemple : gorge, poumons, mauvaise circulation, sang, nous reprendrons séparément gorge ; mentalement nous recherchons : amygdale, non ; glandes, non ; larynx, oui. Puis nous regardons : poumons ; nous disons cancer, non ; rétrécissement, non, tuberculose, oui. Nous examinons alors : sang, circulation ; nous disons sang épais, non ; empoisonnement, non ; sclérose ou sang léger, oui. Donc nous établissons notre fiche comme ceci : tuberculose du larynx et des poumons.

Vous pourrez, par cette méthode, établir un diagnostic complet sur photo (urine, sang, etc...).

Quand vous travaillez sur photo, veillez à ce que la personne à examiner soit seule, qu'elle ne croise pas les bras, et surtout ne vous suggestionnez pas.

— 173

EMPLOYEZ DANS VOS RECHERCHES MEDICALES
LE PLAN ANATOMIQUE.

Lors de vos recherches, vous emploierez un plan anatomique. Vous rechercherez, en ayant un témoin (urine, sang, salive, cheveux, écriture ou photo), les parties malades de la personne à qui appartient le témoin. En promenant de la main gauche une pointe (soit crayon ou pointe d'ébonite) sur le plan anatomique, chaque fois que vous rencontrerez un point malade, le pendule que vous tenez dans la main droite se mettra à girer. Vous pourrez de cette façon trouver exactement le point atteint.

SUR PHOTOS : RECHERCHES DE VIE ET DE MORT.

Afin de prouver que les photos radient, vous devez essayer cette petite expérience. Elle consiste à prendre une photo, l'orienter la tête au nord, placer le pendule à droite ; s'il oscille, vous êtes en présence d'une personne décédée ; si votre pendule tourne, la personne est en vie.

Vous pouvez également employer la méthode de M. Léonard Schraepen. Vous orientez la photographie tête au nord ; puis vous faites girer le pendule au-dessus de la face de la personne représentée ; le pendule s'oriente. S'il oscille au nord, la personne est en vie ; s'il oscille vers l'ouest, la personne est décédée. On arrive par cette expérience à détecter toutes les personnes mortes d'un groupe photographié que l'on vous présente.

De préférence, travaillez sur une photo d'une personne seule.

NEUVIÈME PARTIE

RADIATIONS NOCIVES

L'avantage du diagnostic médical est qu'il permet de pouvoir déceler des maladies telles que le cancer, la tuberculose et tant d'autres encore. N'ai-je pas décelé un cas d'hémorroïdes quatre mois avant que le malade ne s'en aperçoive.

Donc des mois, voire même plusieurs années avant que la médecine ordinaire ne soit à même de le diagnostiquer, pas plus que la radiographie qui cependant déjà a fait faire un grand pas à la médecine, la radiesthésie permet de déceler le mal.

Le radiesthésiste sentira les champs ulcéreux ou tuberculeux en formation ou à l'état latent ; ils les indiquera et l'on pourra alors encore les guérir, tandis que quand on découvre un cancer à la radiologie ou quand le médecin le reconnaît, il n'est plus guérissable, parce que trop tard.

Dans les maladies où la médecine moderne ne trouve rien, quel auxiliaire précieux que le radiesthésiste, car il peut au moyen de son pendule déterminer les causes du mal caché. Il ne lui appartiendra pas de le guérir, mais il pourra, à la demande du médecin, indiquer si le remède ordonné est salutaire, par loi de sympathie du remède au malade.

Or la cause courante des maladies inconnues sont les radiations nocives qui proviennent du sol ou sous-sol, traversent tout un immeuble de bas en haut. Elles s'échappent à profusion.

Les mauvaises radiations.

Toutes les personnes qui se trouvent dans la maison ne s'en ressentent pas de la même façon. Cela dépend de leur tempérament ou leur état de santé : nous avons pu constater que de deux personnes dormant dans le même lit et la radiation le coupant, l'une en souffrait et l'autre pas. Par contre, nous connaissons des immeubles où toutes les personnes qui l'ont habité sont malades.

Comment se produisent-elles ? Très souvent par des failles se trouvant sous l'immeuble, des galeries de charbonnage, des émanations d'acide carbonique, des anciens cimetières, des sources souterraines, etc.

Quand on les prospecte au pendule, on en retrouve la nature par les moyens que je vous ai énumérés précédemment en cet ouvrage, tels que recherches d'eau, de failles, de cavités, de cadavres, de source minérale, etc.

Afin de vérifier complètement la cause et naturellement pour pouvoir la supprimer, je me sers de témoins : streptocoques, staphylocoques, colicibacile, typhoïde, cancer, qui sont les radiations que l'on rencontre fréquemment.

COMMENT LES SUPPRIMER ?

Vous recherchez la longueur des radiations. Supposons que vous ayez un passage coupant une pièce. Ce passage aurait 2 mètres de large en partant d'un de ses bords. La radiation nocive se marque jusque 80 centimètres de ce dernier. Nous emploierons alors un fil de cuivre, du double de la radiation, tourné en boudin sur un tube de 5 centimètres de diamètre environ. Il aura une grosseur de 1 millimètre environ. Un des bouts sera relié à la terre et l'autre trempera dans une solution de soufre en poudre et charbon à parties égales. Vous placerez chaque spire ainsi faite à chaque coin de l'immeuble et de préférence dans les caves.

Vous aurez soin de rechercher la polarité de la radiation nocive, car de celle-ci dépendra le sens de la spire. Ainsi si nous avons une radiation positive, les spires devront être tournées négativement.

Vous pouvez également clouer un fil de cuivre sur le sol de la cave, dans la direction est-ouest ; les clous seront espacés de 20 en 20 centimètres environ et le fil aura la longueur totale de l'endroit où il sera placé, c'est-à-dire de mur à mur.

Si vous n'obtenez pas un bon résultat avec le soufre et charbon, vous pouvez les remplacer par de l'huile d'arachide ou autre.

Je vais encore vous indiquer un autre mélange ; celui-ci consiste en chaux et sulfate de fer en parties égales.

Au bout d'un temps, soit un mois, vous devez secouer et les produits et les fils afin de décharger les influences.

Afin de vous rendre compte si vous avez des radiations nocives chez vous, placez quelques feuilles de fougère mâle dans vos appartements ; si en 24 heures elles sont grillées c'est-à-dire séchées malgré l'eau dans laquelle elles se trouvaient, c'est que vous avez chez vous des radiations nocives ; par contre, si elles sont toujours fraîches, vous constaterez qu'elles auront absorbé presque toute l'eau, vous pouvez avoir vos apaisements, il n'y a pas de mauvaises radiations chez vous.

Dans les cas difficiles, il faudra faire appel à un radiesthésiste compétent, car l'expérience seule permet dans bien des cas la possibilité d'éliminer les radiations dangereuses.

LES FOURMIS.

Les fourmiliaires, c'est-à-dire les grosses fourmis brunes que l'on rencontre dans les bois des Alpes, donnent la même longueur d'ondes que le cancer et ont une particularité, c'est de toujours s'établir auprès d'une faille.

LA RECHERCHE DES ANIMAUX DANS LES BOIS.

Les examens sur les animaux ne se comptent plus, mais je ne voudrais pas passer sous silence cette expérience cynégétique.

Un de mes amis vint me consulter, afin de voir où éventuellement il pourrait trouver des chevreuils sur sa chasse. Me soumettant le plan, ce M. G... me dit qu'il serait curieux d'en connaître le résultat.

Je lui en indique deux dans une enceinte, puis un à un autre endroit. Lors de la chasse, l'on vit les deux chevreuils, on les manqua, tandis que celui qui était seul fut tué ; ceci est un cas entre cent.

Lors des recherches de gibier sur plan, ce qui est le plus curieux, on a constaté qu'au moment où l'on détectait le

180 —

gibier sur le plan, celui-ci ressentait une influence et se déplaçait immédiatement.

LE SUBCONSCIENT ET LA RADIESTHÉSIE

Mon cher Georges Discry,

Je te suis reconnaissant de m'avoir demandé d'écrire un projet de thèse sur le rôle du psychisme et particulièrement de la subconscience, en radiesthésie.

Comme tu le sais, mon cher Georges, c'est par suite d'un accident grave, un violent phénomène psychique, que j'ai brutalement fait connaissance avec les lois complexes de notre immatériel, et spécialement avec le rôle de la subconscience.

Ainsi que je te l'ai expliqué longuement j'ai, dans des états spéciaux, éprouvé l'infinie puissance de la pensée ou de la volonté, et constaté les possibilités apparamment illimitées de notre influence personnelle sur ce qui est extérieur ou étranger à nous-même.

Je te rappelle sommairement que j'ai, dans un état que j'appellerai d'exaltation mentale, provoqué devant de très nombreux témoins des gestes et le déplacement progressif d'un malade figé sur un lit de clinique, et cela à dix mètres dans le dos du patient et sans lui adresser la parole. Le sujet ignorait ma présence et mon intervention, donc pas d'ordres ni de suggestion. Ainsi que je te l'ai expliqué je concentrais fortement ma volonté en fixant la base de la tête et d'instinct j'étendais les doigts vers le même point. Cet homme paralysé quelques instants auparavant partait d'une marche automatique et je le dirigeais aisément par un couloir dans une autre salle, pas un instant je ne perdais le contact de sa présence à travers les murailles. D'autres fois, à la grande joie des spectateurs, je faisais tourner deux chats en huit autour des pieds d'une table. Dans la clinique le téléphone de service sonnait continuellement, j'ai toujours annoncé sans jamais commettre d'erreur si la communication me concernait.

Je t'avoue, mon cher Georges, que si je citais les faits les plus étranges, seuls ceux qui ont subi ces phénomènes, pourraient en concevoir la possibilité.

Je te rappelle encore que j'enlève facilement la douleur, que je provoque aisément l'insensibilité, etc., mais aussi que je ne pratique pas ces lois,

— 181

car pour cela je manque de temps et au surplus j'estime qu'à chacun son métier.

Voilà comment, mon cher Georges, j'ai connu la pratique avant la théorie. Ce n'est que dans la suite que j'ai lu les explications données par les spécialistes de la question.

Je vais maintenant m'efforcer d'établir le rôle possible, si pas certain, de la subconscience en radiesthésie.

Tu feras, mon cher Georges, l'usage que tu jugeras bon de cette très modeste participation à ton beau livre et je ne doute pas qu'avec l'âme d'apôtre que tu as apporté à ton œuvre tu n'obtiennes un légitime succès.

J'estime, par ma simple expérience et avec toute la sincérité dont je suis capable, que dans les manifestations citées dans ma lettre, ainsi que dans toutes les autres que je ne mentionne pas, il s'agit uniquement de la radiation de la pensée. C'est mon opinion pour ce qui touche la suggestion, l'hypnotisme, le magnétisme et la fascination (les guérisseurs agissent de même). Je sais par expérience que pour exercer toutes ces forces, il faut d'abord exalter la pensée, ensuite se créer sous un aspect extérieur calme, une sorte d'état vibratoire (ou de transe) alors extérioriser cette vibration, la sentir s'étendre par zones, atteindre le sujet et enfin le pénétrer. Celui qui sait agir de la sorte sait que certains sujets sont comme cuirassés ou imperméables à cette pénétration et c'est une grande erreur de croire que cette particularité soit un indice de volonté.

Ce sont simplement des gens inaptes ou peu aptes à recevoir.

Il me semble toutefois qu'il ne faut pas abuser des mots radiation et rayon et que ce ne sont là que des termes provisoires qui pourraient dans bien des cas se remplacer par reflet, mirage, sympathie, concordance, harmonie, etc., etc.

Je crois que l'abus des mots contribue largement au maintien des erreurs et constitue une sorte de mode. C'est pour cette raison qu'il faut se rappeler sans cesse certaines définitions telles par exemple :

Idée : représentation d'une chose dans l'esprit.

Pensée : faculté de comparer, combiner et étudier des idées.

Penser : se former dans l'esprit des idées. Donc penser c'est former, construire, créer un mouvement.

Il est nécessaire pour le sujet qui nous concerne, de se souvenir que la conscience préside à notre jugement, à l'ordonnance de nos pensées; tandis que la subconscience enregistre indistinctement toutes les idées, toutes les notions, toutes les visions et les émotions, qu'elle contient tout notre savoir bon ou mauvais, et qu'elle livre spontanément à la conscience tous *les éléments nécessaires (comme on puise dans une bibliothèque le livre dont on a besoin).*

Il va sans dire que la conscience et la subconscience sont sujettes au dérèglement, tout comme notre corps à la maladie, à l'excès ou à la paresse. Elles ont leur force comme nous avons une santé plus ou moins robuste. Le moral et le physique se gouvernent tour à tour.

LA SUBCONSCIENCE.

C'est l'orgueil de toutes les époques de croire qu'elles sont plus lumineuses ou plus éclairées que les autres. La vérité est qu'une sorte de cycle constitue un éternel recommencement.

On redécouvre sans cesse des sciences et des théories qui ont été l'apanage de la plus haute antiquité et qui ont disparus dans des circonstances que nous ne connaissons pas toujours. Peut-être avaient-elles été poussées à un perfectionnement dont nous n'avons pas idée, pour ensuite sombrer dans l'oubli parce qu'on a une soif insatiable de nouveautés. Les goûts et les buts eux-mêmes se déplacent sans cesse. L'homme va-t-il peut-être un jour se redécouvrir, trouvera-t-il à la vie un autre sens que le besoin de vitesse, de machinisme, que sais-je ?

Quoi qu'il en soit, les périodes sont liées l'une à l'autre, viennent l'une de l'autre et dans le bagage qui nous a été transmis avec la vie y a-t-il certainement dans quelque coin ignoré de nous-même des dons, des facultés peut-être précieuses, dont nous pourrions faire grand usage. C'est là le secret de notre subconscience.

Et puisque de subconscience il s'agit gardons-nous bien de croire que cette partie plus ou moins obscure de notre être vient d'être découverte par nos savants penseurs ou physiciens.

La subconscience, telle qu'elle se définit de nos jours, correspond à peu près au corps astral de la théorie hermétique des Hindous (ou elle s'appelle Nephesch) ou à Linga sharira de l'ésotérisme boudhique. C'est le serviteur dangereux du libre arbitre des Chrétiens autant que le serviteur docile du fatalisme des Musulmans. C'est encore bien d'autres choses dans d'autres formes de la foi.

Suivant les sciences dites occultes, millénaires et respectables la subconscience comprendrait : l'animation, l'abduction et le rayonnement qui ensemble constituent l'hyperphysisme.

Elle tient à la fois de l'âme ou de l'esprit qui la discipline et du

— 183

physique qu'elle commande dans ses fonctions inconscientes ou machi-nales (animisme ou vitalité).

C'est dans la subconscience de leur sujet que les magnétiseurs hypno-tiseurs, suggestionneurs et fascinateurs s'efforcent de graver, d'imposer ou d'éveiller une notion déterminée suivant le cas.

Pour ce faire le principe reste le même chez tous : il s'agit de distraire la conscience qui se défend contre l'influence extérieure et la passivité étant obtenue, on inculque dans la subconscience ce que l'on veut y fixer.

En suggestion on travaille davantage ou exclusivement le côté de la pensée, en magnétisme presque exclusivement le côté physique.

ESSAI DE THESE.

Or que font les radiesthésistes quand ils se livrent à leur art ? Ils immo-bilisent leur attention sur le pendule ou la baguette, voilà pourquoi l'auto-suggestion ou la suggestion même mentale d'une personne présente est à redouter à cet instant où la conscience est immobilisée (distraite ou endormie .

Le rôle de la subconscience s'amplifie en raison directe de l'arrêt de la conscience et les facultés de la subconscience entrent en jeu.

A savoir :

la faculté de rayonnement indique reflet, écho ou similitude, ou rien en cas d'absence d'harmonie,

la faculté d'abduction décale l'instrument pendule ou baguette,

et la faculté d'animation maintient le mouvement et l'amplifie plus ou moins en raison de l'amplitude d'harmonie.

J'en déduis :

que la capacité du radiesthésiste est facteur de la santé de sa subcon-science et que tout dérèglement physique a sa répercussion sur cette capacité ;

que la rapidité et la qualité du mouvement observé peut indiquer les caractéristiques de la subconscience ;

que le jugement et la volonté n'interviennent en rien, si ce n'est pour constater le résultat, donc après ;

que d'autres instruments pourraient servir à déceler ;

que cette faculté peut s'employer non seulement pour indiquer la présence d'un corps, mais aussi à établir l'harmonie par l'évocation d'une

184 —

idée ou d'un sentiment, donc chercher le remède approprié à un mal physique ou moral puisque c'est un phénomène d'évocation.

Cette thèse a l'énorme avantage de donner l'explication très claire de deux faits essentiels.

Elle explique pourquoi il n'est pas nécessaire au radiesthésiste entraîné de tenir en main un fragment dit « témoin » de la matière qu'il recherche. Pourquoi ?

Parce que l'idée est la représentation d'une chose dans l'esprit, et si le radiesthésiste cherche de l'or par exemple, le mot or prononcé ou pensé sort dans la subconscience l'image appropriée avec toutes les caractéristiques de l'or. Aussitôt l'harmonie ou la sympathie s'établit entre l'image évoquée et le métal si sa présence existe. Pas de métal, pas d'harmonie donc pas de réaction.

La deuxième explication est encore plus importante :

Pour les mêmes raisons, si l'idée d'un objet tient lieu de l'objet lui-même, le plan ou la photographie tiennent lieu du terrain ou d'une personne elle-même. Sitôt fini le phénomène de rémanence le terrain ne contient-il plus d'or l'harmonie cesse, la personne est-elle décédée la photographie ne décèle plus la vie. (Si c'est la vie qu'on évoque, car elle décèle encore la parenté si l'évocation porte sur ce point).

On peut entendre par sympathie radiations de même longueur ou radiations harmoniques. Entre deux corps semblables radiations de même longueur, entre un mal et son remède, par exemple, radiations harmoniques.

Il serait bien intéressant de définir cette loi d'harmonie qui est vraisemblablement mathématique, comme la loi de Fréquence ou du Cycle.

Arrêtons-nous là et laissons la part aux mathématiciens.

Je te souhaite encore bon succès, mon cher Georges, et je te serre affectueusement les mains.

Louis G.

DIXIÈME PARTIE

CAS DE PROSPECTIONS

Je ne citerai ici que les cas récents, c'est-à-dire ceux de 1937 et quelques-uns de 1936 intéressants. Car mon livre pourrait à peine suffire à les énumérer tous.

POUR LES EAUX.

J'étais appelé à Liége chez M. Heusschen, industriel, car ses caves étaient inondées et, malgré toutes les dispositions prises, on n'était pas parvenu à se rendre maître de cette calamité.

Ce Monsieur m'écrit :

Le 8 juin 1936.

Cher Monsieur Discry,

J'ai le plaisir de vous informer que depuis votre visite sur les lieux, nous avons été assez heureux en suivant vos indications, de trouver l'endroit d'où venait l'eau, s'infiltrant régulièrement dans notre cave et que les mesures prises ont pu rendre très facile de nous débarrasser de cette calamité extrêmement préjudiciable pour nous, du fait que nous ne pouvions plus nous servir de la cave à un moment donné.

Vos expériences nous ont du reste tellement intéressé que personnellement je compte bien m'occuper d'une façon approfondie de la radiesthésie, science que je désire vivement étudier.

Je vous remercie en tous cas du grand service que vous nous avez rendu, car nous sommes désormais tranquillisés quant à la bonne conservation de nos marchandises en cave.

Recevez...   *Signé Heusschen.*

H.-V. Heusschen, Ste en Cte,
Rue Firquet, 2, Liége.

— 189

Paris, le 19 juin 1937.

M. J. M. Meyer soussigné certifie avoir assisté à divers travaux de prospections radiesthésiques effectués par M. Georges Discry de Houssonloge, Aywaille, Belgique; avec le plus grand succès, tant du point de vue minéralogique, qu'hydrologique, soit en matière de découverte de sources que de détermination de souterrains.

Nous l'avions d'ailleurs attaché à nos recherches en Belgique.

Signé J. M. Meyer.

222, boulevard Pereere, Paris.

Verviers, le 6 août 1937.

Monsieur Discry,

Le puits est à 6 mètres, profondeur indiquée par vous ; vers 4 mètres 4 mètres 50 l'eau commençait à apparaître, à présent nous avons 60 centimètres de hauteur d'eau, elle vient à raison d'un débit de 500 litres sur la nuit. Que faut-il faire, faut-il encore descendre ? il fait évidemment très sec.

A vous lire...

G. D., Verviers.

Je lui ai répondu de laisser le puits à cette profondeur et d'attendre ; actuellement les eaux se sont fait passage et le débit est monté à 1,5 mètre cube, ce qui est suffisant pour un pavillon de chasse au sommet d'un rocher.

Chevron, le 30 octobre 1937.

Cher Monsieur Discry,

Veuillez, je vous pris, mon cher Monsieur Discry, accepter mes bien sincères félicitations pour le succès vraiment complet de l'examen radiesthésique de ma propriété de Werbomont (Grand-Triches).

La source d'eau minérale gaz naturels déterminée par vous correspond en tous points à vos données.

Vous rappelez-vous que vous avez attiré mon attention sur une source gazeuse, non minérale, sur son débit, sa situation ? Eh bien, effectivement j'ai trouvé cette source, laquelle a un débit extraordinaire.

Mais ce qui m'a frappé davantage encore dans vos recherches, c'est la détermination des qualités chimiques et bactériologiques de ces eaux.

190 —

Je viens de confronter vos résultats avec le bulletin d'analyse délivré par l'Institut d'Hygiène et de bactériologie de l'Université de Liége. C'est un succès complet pour vous.

Je suis occupé à faire les captages nécessaires.

Après tout ceci, s'il existe encore des personnes doutant des possibilités de la radiesthésie, elles peuvent faire comme saint Thomas, les travaux sont là, il leur suffira de voir pour se rendre compte.

Seulement je ne leur conseille pas de descendre au fond des puits, les émanations extraordinaires d'acide carbonique pourraient bien leur faire perdre les résultats de leur examen.

Je vous prierai, mon cher Monsieur Discry, d'agréer mes bien sincères remerciements et vous réitère mes chaleureuses félicitations, votre succès est complet.

R. Dewere,
Instituteur en chef,
Chevron, Belgique.

Je pourrais citer des cas en masse et je tiens à la disposition des incrédules toutes les pièces justificatives.

MALADIE.

Le 30 juin 1936.

Monsieur Discry,

C'est avec le plus vif plaisir que je puis vous annoncer ma guérison. Je souffrais depuis 2 ans sans que l'on ne puisse en trouver la cause, malgré tous les médecins consultés.

Grâce au point indiqué par vous, j'ai consulté mon médecin et ce dernier a pu me donner la médication nécessaire.

Je suis actuellement complètement rétablie et je vous remercie sincèrement.

Recevez...

Mme S., Vaux-sous-Chêvremont.

Le 26 janvier 1937.

Monsieur Discry,

Je vous prie d'excuser le retard que j'ai mis à vous donner de mes nouvelles, j'ai seulement pu rendre visite à mon docteur hier.

— 191

Je suis heureux de vous dire que les fortes douleurs ont disparu, il reste seulement une gêne au creux de l'estomac et dans le dos, mais le mal disparaît insensiblement.

Ainsi que je vous l'ai dit je suis allé à la clinique X... afin de me faire radiographier, mais le médicament que les médecins m'avait fait prendre n'ayant pas fait son effet, le résultat a été négatif, j'ai donc dû y retourner le mardi; ils ont pris deux photos qu'ils devaient adresser au docteur traitant.

Mon congé expirant le 22 j'ai donc rendu visite à ce docteur qui m'a dit avoir reçu un mot de ses collègues mais pas les plaques, disant qu'il n'y avait pas de calculs, mais des lésions à la vésicule, il m'a conseillé de me faire opérer et d'aller consulter un chirurgien, je lui ai dit que j'allais attendre avant de me décider à quoi que ce soit.

En sortant de chez le docteur je me suis rendu de nouveau à la clinique pour faire valider la prolongation de 5 jours de congé et pour demander l'avis de l'opérateur, celui-ci me répond qu'il y a des calculs à la vésicule ?

Je n'ai pu m'empêcher de lui faire remarquer la différence de diagnostic; il ne m'a pas répondu et m'a congédié.

J'espère reprendre mon service vendredi et je crois que vous avez raison en me disant de ne pas me laisser opérer que je n'avais pas de calculs ni de lésions.

Je vous tiendrais au courant.

Recevez...

Signé A. M., Liége.

Voici la lettre que ce Monsieur m'envoie 5 mois après :

Le 3 juin 1937.

Cher Monsieur Discry,

Je vous prie d'excuser le retard apporté à vous écrire mais j'ai tenu à m'assurer, si mon état de santé continuerait à s'améliorer.

Je peux maintenant vous dire ma reconnaissance et vous assurer que la radiesthésie a un adepte de plus, puisque c'est grâce à elle que vous avez pu découvrir la cause des souffrances que j'endurais depuis si longtemps et pour lesquelles je devais être opéré d'après l'avis des médecins.

Je vous remercie bien sincèrement de ce que vous avez fait pour moi et vous prie de croire cher M...

A. M., Liége.

192 —

Angleur, le 6 juillet 1937.

Monsieur Discry,

Je m'excuse...

Avec une précision extraordinaire vous m'avez confirmé tout ce que le médecin traitant avait déclaré et comme ce dernier avez conclu à aucune lésion intérieure, ce qui est toujours prouvé pour l'instant.

Vous avez bien voulu faire la syntonisation du remède que le médecin avait ordonné en avez écarté un et indiqué l'autre.

C'est donc avec une réelle satisfaction que je vous écris pour vous informer de ce que à partir du lendemain de l'emploi du médicament reconnu par vous qui devant faire du bien, toutes douleurs ont disparu, cette angoisse du duodenum est d'abord disparue pour ne réapparaître que de loin en loin et de moins en moins et disparaître totalement; l'état de santé général s'est beaucoup amélioré et ma femme a gagné du poids.

Une seule chose laisse encore à désirer c'est le moral et par ces périodes de vacances j'espère y remédier, grand air, distractions, etc.

Entretemps...

Signé L. S.

Mois de juin 1937.

MEDECINE VETERINAIRE.

Un de mes amis vétérinaire m'avait soumis sur plan un cas tout spécial.

Un cheval était atteint d'un mal qui ne s'extériorisait pas ; il me soumit le cas, il me fit un dessin représentant l'animal et je fis la recherche.

Je lui marquai deux points avec une ligne les reliant et lui indiquai que le cheval avait une paralysie à la patte gauche arrière. Il me dit que c'était exact ; en examinant mes deux points, il me dit que les points indiqueraient un coup de sang mais que le cheval n'en avait aucun symptôme. Néanmoins il le soigna sur un coup de sang ; quelques jours

— 193

après le cheval guérissait et maintenant il ne garde plus aucune trace de son mal.

M. Crahay, de Verviers, grand amateur colombophile, me fit appeler pour examiner ses pigeons.

L'on me soumit une trentaine de pigeons. A la stupéfaction des personnes assistantes, je désignai sans erreur les extras, les bons, les ordinaires et les mauvais et, pour l'un d'eux, je déclarai que c'était un pigeon paresseux.

Le propriétaire, abasourdi, me dit : « Mais c'est exact, nous l'appelons « l'outsider », car il a fait un premier prix avec 22 minutes d'avance sur tous et depuis revient bien à son aise.

L'expérience a été absolument concluante. Voici d'ailleurs l'attestation.

M. Adrien Crahay, Versviers.

Verviers, le 3 décembre 1937.

Monsieur Georges Discry, Houssonloge, Aywaille.

Cher Monsieur Discry,

J'ai l'honneur de vous confirmer les déclarations verbales que je vous ai faites concernant l'examen de mes pigeons que vous avez bien voulu faire. J'en ai été émerveillé.

En effet pour chacun des 32 sujets que vous avez examinés, vous m'avez spécifié les caractéristiques tant au point de vue voyages que reproduction sans la moindre erreur.

A ceci pour être complet je dois mentionner le cas relatif à mon sujet dénommé « l'Outsider ». Vous m'avez dit que ce pigeon était capable de temps à autre d'accomplir une prouesse, mais, par contre, qu'il était paresseux. Ceci m'a réellement renversé car ce pigeon a été dénommé « l'Outsider » parce que en 1936, il a remporté le premier prix au grand concours sur Limoges avec 22 minutes d'avance et depuis, sur de nombreux engagements, quoique en parfaite santé, il est toujours rentré trop tard sans manifester la moindre fatigue.

Ce fait à lui seul constitue une preuve incontestable de la grande valeur de vos méthodes radiesthésiques, vous n'êtes pas colombophile, mais vous m'avez donné une précieuse leçon de colombiculture.

Voilà pourquoi je suis votre cours avec enthousiasme.

Je termine en vous remerciant encore de grand cœur, et je vous autorise à vous servir de la présente en toutes circonstances que vous jugerez utiles.

Croyez...
　　　　　　　　　　　　　Signé Crahay,
　　　　　　　　　Représentant des Charbonnages du Hasard,
　　　　　　　　　　　　　Verviers.

RECHERCHES DES DISPARUS.

Le 28 janvier 1937.

M. Laboureur, de Florzé (Rouvreux), me rend visite afin de me prier de bien vouloir rechercher sur plan où pouvait se trouver son beau-père, M. Biesnard, disparu depuis trois semaines environ.

Ayant comme témoin une photo de la grandeur d'une pièce de 10 centimes (la tête seule) et une pipe appartenant au disparu, je suivis tout le trajet parcouru et les arrêts depuis la maison jusqu'à l'endroit où je constate la chute dans l'Amblève. Ayant pris rendez-vous pour le jeudi 4 février à 8 heures du matin avec quelques membres de la famille pour me rendre sur place, je regardais à nouveau sur le plan le 3 février afin de me rendre compte si le corps ne bougeait pas. A ma stupéfaction, je le trouvai hors de l'eau sur le terrain. Je téléphonai à la Gendarmerie afin de faire part de ce que je constatais et l'on me répondit qu'on venait de le repêcher à l'endroit que j'avais désigné.

— 195

Le jeudi 24 juillet 1937.

Un ami radiesthésiste de L..., M. L..., vint me trouver afin de rechercher M. A. S..., disparu depuis le 30 mai.

Je partis de la maison quittée par celui-ci avec comme témoin la photo publiée par le journal « La Meuse », je suivis la trace de Eneye en passant par Barvaux, Bomal, et je m'arrête au virage de Logne sur la route de Bomal à Aywaille. Je constate que M. S... est mort et se trouve en cet endroit.

N'étant pas chargé par la famille et n'étant pas non plus d'accord sur l'endroit avec mon confrère, je ne m'occupai plus de la chose. Je fis néanmoins connaître le résultat de mes recherches à Mme G..., d'Aywaille, ainsi qu'à M. Q..., de Harzé. Or le 26 juillet, des ouvriers travaillant au réseau électrique laissèrent tomber un rouleau de fil. Celui-ci roula au fond du ravin profond de 20 mètres et ils furent stupéfaits d'y trouver un cadavre qui malheureusement était celui du pauvre S... L'endroit trouvé était bien celui que j'avais désigné.

Le 7 septembre 1937.

M. D..., de Liége, me fit part qu'une personne amie recevait des lettres anonymes et qu'elle n'avait de soupçons sur personne. Ayant une lettre reçue comme témoin, je me mis en recherche et en très peu de temps je trouvais l'endroit d'où venait la lettre. J'en fis part à M. D... qui, lui, avertit la personne. Après enquête, l'on confronta la personne supposée qui ne fit aucune difficulté pour avouer.

196 —

RADIATIONS NOCIVES.

Ayant au cours que je donne au Cercle d'Etude « Les Amis de la Radiesthésie », fait savoir que l'on pouvait au moyen de fougère mâle découvrir si l'on avait des radiations nocives chez soi, M. Moisse, de Grivegnée, vient me dire qu'ayant fait l'expérience, les fougères étaient grillées. Je lui indiquai la méthode pour supprimer ces radiations, il le fit et vint quelques jours après nous annoncer que maintenant les fougères étaient restées belles et que sa dame qui souffrait très fort allait mieux ; ce fait étant trop récent, nous attendrons afin de voir le résultat final.

Electricité Générale
M. *Delmartino et* L. *Moisse*
    Rue du Fourneau
    Grivegnée (Liége)

                                    Le 22 novembre 1937.

Monsieur Georges Discry, Houssonloge, Aywaille.

        Monsieur,

En 1934 nous fondons une entreprise sous la raison sociale et à l'adresse reprise ci-dessus, en une construction nouvellement érigée.

Dès notre aménagement nous sommes tous saisis de malaises inexplicables.

En 1935 je suis atteint de stomatite aphteuse, en même temps mon épouse s'alite atteinte d'une dépression nerveuse grave, et doit être éloignée pour parer à une pointe de tuberculose pulmonaire consécutive à son épuisement, notre mère qui souffrait d'une otite, contracte une mastoïde et doit être trépanée d'urgence tandis que mon frère se trouve terrassé par deux congestions pulmonaires consécutives.

En 1936-1937 le cycle continue, nous sommes tous sous une tension nerveuse excessive, nous souffrons d'insomnies cruelles, les chiens surtout sont nerveux, mal à l'aise, et ne trouvent leur place nulle part.

Je finis par succomber moi-même à une dépression nerveuse profonde, et malgré les traitements les plus sévères je reste dans un état précaire et sans amélioration.

Au cours d'une causerie au Trianon, Monsieur Discry aborde la question des radiations nocives, il expose à grands traits, en souligne les effets, et préconise l'emploi de fougères mâles comme moyen de détection.

Le moyen est aussitôt employé chez nous, le résultat confirme la thèse de Monsieur Discry en moins de 24 heures nos plantes étaient entièrement grillées.

Un plan de l'immeuble est alors confié à Monsieur Discry qui décèle sous l'habitation de nombreuses failles ainsi que des ossements.

Des filtres sont établis et se révèlent efficaces, les personnes à l'insu de qui ils avaient été placés subissent une détente nerveuse, des fougères et autres plantes sont placées comme témoins, elles continuent à vivre allègrement.

Croyez...

Signé L. Moisse.

Marcel Fitschy
Rue du Palais, 48
Verviers

Verviers, le 26 novembre 1937.

Monsieur Discry,

Par la présente je confirme l'expérience que vous avez réalisée lors de votre conférence à l'Harmonie.

Je reconnais que vous m'avez indiqué exactement l'emplacement du puits, sur le plan grossièrement dessiné que je vous avais soumis.

De plus, chose que j'ignorais, vous m'avez indiqué le chemin parcouru souterrainement par l'eau.

Je me suis renseigné auprès d'un de mes amis qui connaît la région, c'était exact.

J'attire votre attention sur le fait que le plan représentait un petit bourg situé en Lettonie à la frontière soviétique, à environ deux mille kilomètres d'ici.

Veuillez agréer, Monsieur Discry, avec toute mon admiration, mes sentiments distingués.

Marcel Fitschy.

198 —

Spa, 5 décembre 1937.

Monsieur Discry,

Nous tenons à venir vous remercier, pour le moyen efficace que vous nous avez indiqué, pour neutraliser les ondes nocives repérées dans la villa et qui nous occasionnaient maints désagréments à la santé.

Nous avions repéré un courant d'eau carbo-gazeuse passant en biais sous toute la villa et avons été heureuses que votre visite aie confirmé la chose, seulement, n'ayant pas votre savoir nous étions bien impuissantes à y porter remède, la profondeur présumée empêchant tout détournement.

Grâce à votre procédé si efficace et si simple que nous avons étendu sous toute la maison, nous ne constatons plus aucune ondes nocives et notre santé en est déjà améliorée.

Nous serions très heureuses que vous le constatiez vous-même si vous aviez encore l'amabilité de passer un de ces jours par Spa.

En tous cas, nous sommes à votre entière disposition, si l'une ou l'autre personne désirait le vérifier.

Recevez, Monsieur Discry, toutes nos meilleures salutations.

J. Oury-Dawans. *M. Cravatte.*
Villa « Les Rosiers », Route du Tonnelet, Spa.

Des cas dans ce genre sont nombreux et je pourrais vous exposer encore bien des cas, mais je pense qu'il suffit d'un ou deux de chaque espèce pour prouver les possibilités.

Car j'ai eu des résultats sur plan au Canada, en Afrique, en Lettonie, en Grèce, en Autriche, en France, etc., soit en prospection d'or, d'étain, d'eau, de sel et de fer, de recherches archéologiques. Ce domaine est vaste.

Voudrais-je finir en vous disant que je n'ai eu que des succès. Hélas ! j'ai eu aussi des échecs cuisants et ceux-ci m'ont permis de prendre les dispositions nécessaires afin de les éliminer.

D'autres vous diront : nous avons fait 5, 6 ou 7 années d'Université et une personne sans diplôme trouve plus facilement que nous ou prétend le faire, soit les sources, les minerais, les maladies, etc... Qu'on n'oublie pas que la radiesthésie demande une étude approfondie et plus vous apprenez, plus vous devez étendre vos connaissances. Je n'ai pas de diplôme d'Université et cependant j'ai 12 années d'études en plus de mes humanités. Qu'en pensez-vous ?

J'espère que mes lecteurs m'auront compris. Ce sera toujours avec la plus grande bienveillance que je recevrai la critique. Car c'est dans la communion des idées que l'on trouve le résultat final.

Georges DISCRY.

Le 22 novembre 1937.

L'auteur se recommande pour :
Leçons particulières, prix à convenir.
Trousse minéralogique.
Travaux d'élimination d'ondes nocives.
Prospections : des eaux ; minéralogiques ; archéologiques ; colombophiles.
Appareils d'analyses biologiques radiesthésiques.

Pour tous renseignements, s'adresser chez l'auteur

Georges DISCRY
L'Oasis
Houssonloge
Par Aywaille
Belgique

EN PRÉPARATION :

LA COLOMBOPHILIE RADIESTHÉSIQUE

ETUDE SUR LA RADIESTHÉSIE SCIENTIFIQUE

200 —

BIBLIOGRAPHIE.

Brochemin. — *Traité de Radiesthésie et Téléradiesthésie.*

Comte de Marsay. — *Electricité, Magnétisme, Radiesthésie.*

Lacroix et l'Henry. — *Manuel de Radiesthésie et Procédés de Radiesthésie.*

Larvaron. — *Radiotellurie.*

Dr Leprince. — *La radiesthésie médicale, les radiations humaines.*

G. Lesourd. — *Méthodes Radiesthésiques et Vie, Maladies, Radiations.*

H. Melin. — *Radiesthésie agricole et domestique.*

Abbé Mermet. — *Comment j'opère.*

Padey. — *Les secrets de la baguette et du pendule.*

TABLE DES MATIERES

— 203

204 —

Vous avez une question
sur l'Hermétisme,
l'Esotérisme ou la pratique des
Sciences Occultes ?

L'Encyclopédie Ésotérique vous apportera des réponses et des mises au point précieuses.
Cliquez www.ceodeo.com

L'Encyclopédie Ésotérique ainsi que les articles, dossiers, cours et essais que vous trouverez sur notre site s'adressent tant aux profanes qu'aux spécialistes.

Collège Ésotérique et Occultiste
d'Europe et d'Orient
(CEODEO) www.ceodeo.com